燧人氏
心｜火｜相｜传

燧人氏
心 火 相 传

觉方中国史

蝴蝶效应

历史漩涡中的汉唐帝国

唐岛渔夫 著

当代世界出版社
THE CONTEMPORARY WORLD PRESS

图书在版编目（CIP）数据

蝴蝶效应 ：历史漩涡中的汉唐帝国 / 唐岛渔夫著
-- 北京 ：当代世界出版社，2019.5
ISBN 978-7-5090-1473-8

Ⅰ. ①蝴… Ⅱ. ①唐… Ⅲ. ①中国历史—汉代－唐代—通俗读物 Ⅳ. ①K220.9

中国版本图书馆CIP数据核字（2018）第249262号

蝴蝶效应：历史漩涡中的汉唐帝国

作　　者：唐岛渔夫著
出版发行：当代世界出版社
地　　址：北京市复兴路4号（100860）
网　　址：http://www.worldpress.org.cn
编务电话：（010）83908456
发行电话：（010）83908409
（010）83908377
（010）83908423（邮购）
（010）83908410（传真）
经　　销：全国新华书店
印　　刷：北京楠萍印刷有限公司
开　　本：710毫米×1000毫米　1/16
印　　张：13.5
字　　数：115千字
版　　次：2019年5月第1版
印　　次：2019年5月第1次
书　　号：ISBN 978-7-5090-1473-8
定　　价：39.80元

前　言

浩如烟海的中国历史，纷繁芜杂到让很多人望而却步。

我一直想用自己的语言，写一点相对通俗易懂的历史。我要写的历史不是通史，当然更不是教科书，但却能够基本将中国历史的脉络用某种逻辑串联起来。我写的历史可能会有点“八卦”，但是却不会脱离最基本的历史事实。

关于本系列

（1）历史的模块化

这个系列，我将会用模块化的概念来写历史。我会根据我的逻辑方式，将历史的时间顺序完全打乱，之后重组。这样的历史读起来不枯燥，而且独立成章。

（2）历史的立体化

我会把平面的历史立体化——之前我们会疑惑，三国魏蜀交兵为什么要用到木牛流马？赤壁之战为什么会跑到了湖北去保卫南京？疑问的原因，是平面的历史只关心政治军事，而不会涉及太多历史背后的经济、地理常识。在我的写作中，会尽量把平面历史立体化，将重要的历史事件交代清楚。

这是最好的时代，信息摄取的便利程度，远超我们的先人；这是最坏的时代，各种段子手笔下的历史，轮番霸占着我们的眼球，真伪难辨。中国的对手开心了，因为我们坐拥满汉全席，却吃出了爆米花的味道……

我写历史的目的只有一个，因为历史就是我们中国人乃至全球华人的信仰。这件事情在全球各国各民族中间，独一无二，绝无分号。现代中国人不懂历史，也就没法理解古代中国人的精神世界。中国人的信仰——敬天法祖，儒家思想，多神崇拜，都和中国历史息息相关。所以，我把历史像魔方一样重置、变换、归纳、总结，而最终，万变不离其宗，我希望，我们都能看到我们自己历史的脉络和伏线，以及千载之下从未变过的中国人的精神世界。

关于本部

草蛇灰线，伏脉千里。有时，看似并无关联的某人、某事却可以引起一场极大的变化，就像那只在南美洲扇动翅膀而引发美国一场龙卷风的蝴蝶。《蝴蝶效应：历史漩涡中的汉唐帝国》，也并非只写汉唐两朝，而是用我的逻辑，将由汉至唐的绵长岁月里，那些值得被记住的人与事串在一起。

目 录

表亲们的纠葛

杨家女人的复仇

向太史公致敬

『司马迁，一位堪称伟大的“驴友”。

司马迁是受宫刑的，他到底有没有后人?

司马迁的一生，只做了两件事，但两件事都极大地改变了中国历史。第一件……』

父亲的遗言

汉武帝刘彻像

公元前110年，西汉元封元年。时年四十六岁，从事皇帝这份职业已经三十一年的汉武帝刘彻，志得意满。此时他眼中的大汉帝国，文治武功、宇内荡平、四方来朝。一般按照中国皇帝的传统，这个时候，就可以筹备“封禅”❶了。

封禅，封就是祭天，禅就是祭地。筹备封禅的意思，就是皇帝本人认为职业生涯已经到了一个顶点，可以找个机会向上天进行工作汇报，昭告天地。与此同时，因为业绩不错，上天自然也会对皇帝的工作加以肯定。所以，封禅大典，除了为本人为江山为万民祈福迎祥之外，也是进一步增强个人威望的手段。

进行封禅的帝王，汉武帝刘彻不是第一个，当然也不是最后一个。然而，此次的封禅却直接决定了一个人的生死。这个人叫司马谈。

司马谈是司马迁的父亲，汉武帝的太史令。太史令这个官职，历代的官阶和授权都不太相同。在西汉时，太史令掌管天文、历法和撰史。泰山封禅，按照常理推测，应该是同太史令有莫大的关系。因为皇帝同上天之间的沟通，渠道和时间必然是重中之重。在古代，确

❶封禅（shàn）：“封”为“祭天”，“禅”为“祭地”，指中国古代帝王在太平盛世或天降祥瑞之时，祭祀天地的大型典礼。远古暨夏商周三代，已有封禅的传说。

定沟通渠道需要夜观天象；确定沟通时间需要查黄道吉日。皇帝同上天的工作汇报，恰恰是由太史令来分管。然而，史书上并没有明确记载，到底出于何种原因，司马谈居然被排除在泰山封禅筹备小组之外。单纯从结果来猜测，多半是司马谈的职业生涯不太顺利，从而失去了皇帝的信任。

司马迁像

封禅被排除在外，这件事情一定不是孤立的，而是一连串职场生存环境变化的表象而已。正是基于这种考虑，司马谈感到了绝望。绝望和郁闷之中，司马谈的生命也走到了尽头。在司马谈临终之前，他把自己的儿子同时也是自己事业继承人的司马迁叫到跟前，宣读遗言。史书载，“是岁，天子始建汉家之封，而太史公留滞周南，不得与从事，发愤且卒。而子迁适反，见父于河、洛之间。”

作为一个文化人，且是权力机构最顶尖的那部分人，司马谈的这份遗言，一定思忖了不知道多少个日夜。遗言很精彩，内容可以简单分成几部分：

1. 司马家族世代为朝廷修史，你必须继承先人遗志；

2. 我死之后，太史令这份工作，将由你来继承；

3. 东周以来，礼崩乐坏，历史记载中断。而今天的大汉四海承平，我早就立志想要写一本历史书。然而遗憾已经时日无多，希望你一定

将这部书写出来。❶

遗言说完，司马谈溘然长逝。

这一年的司马迁，35 岁。

这一年的司马迁，开始给父亲守孝。

三年之后，司马迁成为新的太史令，开启属于自己的时代。

❶司马谈遗言原文节选：予先，周室之太史也。汝复为太史，则续吾祖矣。……予死，尔必为太史；为太史，毋忘吾所欲论著矣。……自获麟以来四百有余岁，而诸侯相兼，史记放绝。今汉兴，海内一统，明主贤君，忠臣义士，予为太史而不论载，废天下之文，予甚惧焉，尔其念哉！（出自《汉书·司马迁传》）

伟大的“驴友”

司马迁不是一个简单的读书人，至少不是传统意义上的文弱书生。

35 岁之前，司马迁用了很长的时间学习儒家经典，也用了很长的时间来游历天下。

史载：“迁生龙门，耕牧河山之阳。年十岁则诵古文。二十而南游江、淮，上会稽，探禹穴，窥九疑，浮沅、湘。北涉汶、泗，讲业齐鲁之都，观夫子遗风，乡射❶邹峄（yì）；厄困蕃、薛、彭城，过梁、楚以归。于是迁仕为郎中，奉使西征巴、蜀以南，略邛❷（qióng）、莋❸（zuó）、昆明，还报命。”（《汉书·司马迁传》）

为了读者看起来更直观，我们把他的游历路线还原在当今的地图上，看看是什么样子的。（如图 1-1）

❶乡射：古代射箭饮酒的礼仪。乡射有二：一是州长春秋于州序（州的学校）以礼会民习射，一是乡大夫于三年大比贡士之后，乡大夫、乡老与乡人习射。

❷邛，现四川西昌一带。

❸莋，现四川汉源一带。

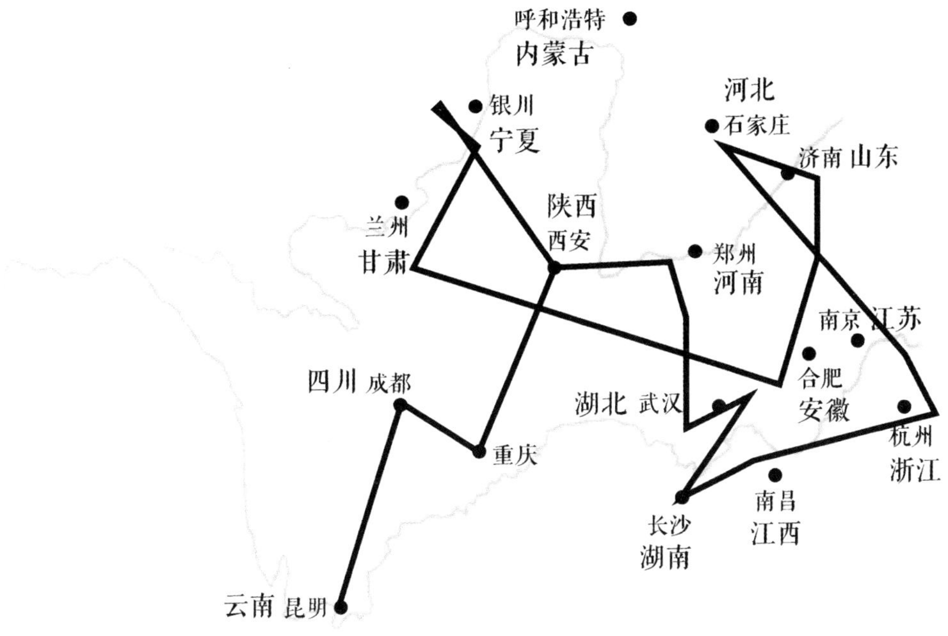

图 1-1　司马迁游历路线

司马迁的足迹，北到如今内蒙古、南及昆明、西至甘肃、东临大海。

早在两千多年前的西汉，司马迁就走遍了半个中国。

古代人没有汽车火车，没有飞机，只能用自己的双脚来丈量世界，最先进的交通工具莫过于泛舟或者骑马、乘轿。但无论何种交通方式，都需要亲历亲为地颠簸劳顿，掺不得半点假。

司马迁，一位堪称伟大的“驴友”。

巴蜀和昆明之旅，司马迁是因为公务出

差，朝廷的交通和伙食补贴自是不在话下，甚至可能还不菲。然而在这之前的游历，我们无从得知，年轻的司马迁的旅行经费从何而来。我们只能猜测，当时的司马迁属于小康家庭（太史令之子），家境定然还算不错。然而即便如此，他的旅行也是穷游的一种，很有可能是沙发客或者背包客。而旅途之中，司马迁甚至一度穷困潦倒，“厄困蕃、薛、彭城”。我们有理由相信，是一种坚忍不拔的精神，以及对于大好河山的热爱，让司马迁一步步走完了崎岖的旅程。

古人讲，读万卷书，行万里路。读书学习相当于饥饿之下的进食，而行路实践则相当于进食之后的消化。没有实践的读书，就如同纸上谈兵，所有的理论只能是味同嚼蜡。

司马迁的游历，壮哉！伟哉！

这样的游历之后，司马迁的人生必将更加厚重、更加坚韧。

残忍的宫刑

公元前99年，即武帝天汉二年，父亲遗言中提到的那本史书，司马迁已经写作到了第十个年头。

这一年，汉武帝刘彻的贰师将军❶李广利❷远征匈奴，在主力部队没有斩获的情况下，李陵自请精兵五千，以寡敌众主动出击匈奴。不料，却遇到了匈奴主力。李陵在重重包围之下，力战而不能脱身，最后不得已投降了匈奴，这件事情，很快传到了长安。

汉武帝刘彻怒了。

原因之一，投降本身，对古人是一件奇耻大辱。

原因之二，李陵是飞将军李广的孙子，堂堂名将之后。

原因之三，李广利是皇亲，也是当时皇帝最信任的统帅。

这一年，汉武帝57岁，已经过了古人的知天命之年。

人岁数越大，越不容许失败，尤其是耻辱性的失败。因为，人的岁数越大，就越输不起。因为一旦铩羽，属于自己翻盘的机会越来越少。在自然规律面前，英明神武的汉武帝刘彻，也不

❶贰师将军：中国古代武职官衔的一种统称，始于汉代，盛行于南北朝，唐以后逐渐衰微。贰师将军是一种杂号将军。汉武帝命李广利到大宛国的贰师城（现吉尔吉斯斯坦的奥什城）取良马，所以委任李广利为贰师将军。

❷李广利：中山人，西汉中期将领，外戚，汉武帝宠姬李夫人和宠臣李延年的长兄，昌邑哀王刘髆的舅舅，另有一弟名李季。李夫人得宠时，李延年为协律都尉，而李广利则为贰师将军征大宛，因远征大宛封海西侯。李广利数次出征大宛及匈奴等地，战绩平庸。

过是一位年迈的老人而已。汉武帝眼睛里面闪现的，是年轻时代一幕幕英雄的画面，匈奴在背景板上痛彻心扉的惨叫。他想到了卫青、霍去病，想到了李广……然而今天的李广利、路博德❶们无功而返，尤其是李广的后人李陵，居然能够叛变投敌……此时此刻，年老的汉武帝一定是痛彻心扉的。

朝臣众口一词，要求治李陵重罪。

汉武帝环视朝堂之上，看到了官微言轻、平时也极少发言的司马迁。历史在很多时候都是偶然，这一次也不例外。破天荒地，刘彻要求司马迁来发言。

司马迁认为，李陵可能是诈降，而实际是心向大汉的。司马迁在后来的《报任安书》❷中曾经提到这件事，他的初衷只是想做一名好臣子，上能宽慰皇帝，下能保全李陵。这当然符合一般人的想法，然而，却不符合皇帝对一名合格政客的要求。

司马迁的准备显然是不充分的，最起码，他没有揣摩皇帝的想法，也没有顾及皇帝的忌讳。更加让人匪夷所思的是，司马迁甚至不是李陵的朋友，他这样做，真真切切只是仗义执言，为了保全一位名门之后的名节和其全家性命。

无论从哪个方面分析，这次司马迁的发言，都算是一次意外。

❶路博德：西汉名将，官至伏波将军。后因犯法被削爵贬官，在居延屯田，不久去世。路博德先后征战岭南，平定战乱，“皆有功德于岭南之民”。

❷《报任安书》：是司马迁写给其友人任安的一封回信，又名《报任少卿书》，出自《汉书·司马迁传》。此文中，司马迁以激愤的心情，陈述了自己的不幸遭遇，抒发了内心的痛苦，说明因为《史记》未完，他决心放下个人得失，相比“死节”之士，体现出一种进步的生死观。这篇文章对后世了解司马迁的生活，理解他的思想具有不可替代的作用。

发怒的汉武帝，听完司马迁的发言，怒气值瞬间爆表。

司马迁不知道，不管李陵是否诈降，这场仗都是一次不折不扣的军事失败；司马迁更加不知道，替李陵开脱，等于在给李广利难看。给李广利难看，就是打脸汉武帝，这打脸啪啪作响。

李广利，汉武帝后期的外战名将。

李广利的上位，不是因为能力，而是因为裙带。

西汉的人才选拔制度不够完善，所以人才选拔的路径也不一而足。常见的有：察举制❶、赀（zī）选制❷、任子制（选拔官员子弟）、太学选拔、皇帝征召等。其中的皇帝征召，是官员提拔最快的一条路径，可谓一步登天。

皇帝征召，汉武帝是尝到过甜头的。

比如卫青的上位，是因为皇帝的宠妃是卫子夫，而卫青又是卫子夫的弟弟；

比如霍去病的上位，是因为皇帝当时的爱将是卫青，而霍去病是卫青的外甥；

卫青、霍去病对匈奴的战争胜多负少，成为汉武一朝的军人榜样。

所以，皇帝用人之际，出于惯性思维，一定想复制当年的辉煌。

按照“卫青霍去病第一定理”，已知皇帝的宠妃是李夫人，而李夫人的兄长是李广利，则李广利和李广利的亲戚一定能够为刘彻分忧解

❶察举制：中国古代选拔官吏的一种制度，确立于汉武帝元光元年（公元前134年）。察举制不同于以前先秦时期的世官制和从隋唐时建立的科举制，它是由地方长官在辖区内随时考察、选取人才并推荐给上级或中央，经过试用考核再任命官职。

❷赀选制：赀，通“资”。赀选，亦称“捐官”，汉朝制度，以称凭财产资格为官的途径。这种制度在东汉晚期泛滥成灾。

难。

李夫人的哥哥李广利成为贰师将军；

李夫人的二哥李延年成为宫廷音乐家；

李夫人的三哥李季成为宫廷皇帝近臣。

经验主义害死人。

事实证明，李广利这个人作为统帅，成事不足而败事有余。

从公元前104年开始，李广利两征大宛❶，三征匈奴，劳民伤财不说，军功也是杀人一万，自损一万五。不仅如此，李广利在公元前90年最后一次征匈奴失败之后，居然投降了匈奴。更加极品的是，第二年，也就是公元前89年，投降匈奴的李广利，又因为另外一个汉奸卫律❷的诬陷，被匈奴的单于❸处死。从而，结束了其奇葩的一生。

然而，人不可能穿越未来。公元前99年的李广利，还是皇帝亲自提拔，刚刚大破大宛的李广利。虽然朝臣对这个人的能力颇有微词，但是还没有谁敢在皇帝面前直言。

司马迁的发言，为自己招祸。皇帝盛怒之下，要求按《汉律》给司马迁治罪。

按照《汉律》，司马迁的刑罚是死刑。

汉代的死刑，其实是可以免除的。其一，如果有前朝皇帝御赐的丹书铁券❹，可免死。但司马迁没有；其二，如果花五十万钱（大概相当于如今的人民币3000万元）作为保释金，可免

❶大宛(dà yuān)：古代中亚国名，位于今乌兹别克斯坦费尔干纳盆地。

❷卫律：匈籍汉裔，先于李广利降匈奴。

❸单于（chán yú）：匈奴君主的称号。《汉书·匈奴传》谓全称作“撑犁孤涂单于”。“撑犁”，匈奴语之“天”，“孤涂”意为“子”，“单于”意为“广大”。唐司马贞《史记索隐》引《汉书》，单于姓氏，《汉书》作挛鞮氏，《后汉书》作虚连题。

❹丹书铁券：丹书，用朱砂写字。铁券，即铁契，用铁制的凭证。古代帝王颁授给功臣、重臣的一种特权凭证。为防止假冒，将铁券从中剖开，双方各存一半。又称“丹书铁契”，民间俗称“免死金牌”，此制度最早始于汉高祖刘邦。

死。然而，司马迁只是一个普通官吏，断然拿不出如此多的钱；其三，最后一个选择，接受残酷的宫刑。

宫刑，意味着需要丧失作为男人的基本自尊，而苟活于世。

但，司马迁别无选择。

“幸运”的史记

司马迁的内心，一定是痛苦到极点的。

痛苦到极点的司马迁，想到了一句话。这句话流传到现在，哪怕是个文化水平一般的普通人，也能脱口而出：人固有一死，或重于泰山，或轻于鸿毛。

是的，求死太容易了。古代人很重气节，“士”可以为保全名节而慷慨赴死，春秋战国有二桃杀三士，至今我们也知道士为知己者死。然而，死对于司马迁来说，又太难了。

司马迁想到了自己二十岁之前熟读的儒家经典；想到了自己二十岁开始，周游天下的十五年；想到了父亲临终前对自己讲的祖宗遗训、国家责任；也想到了自己那部写了十年，业已定名为《史记》，还需要很多年才可以完成的巨著。

轻易赴死，世界上只会少一个太史令，多了一个死士；艰难求存，这个世界上才会有那本可能流传千古的皇皇巨著。

然而，即便接受宫刑，若想求生也需要莫大的勇气和运气。

古代接受宫刑者，死亡率接近十之七八。谁知道司马迁到底是不是能够活下来的那个幸运儿。稍有差池，后续的中国历史将会被改写得面目全非。更加痛苦的是宫刑之后，在蚕室❶的恢复过程。那种钻心之痛，作为男人是可以想象的。

我在学生时代喜欢踢足球，男人在足球场上很容易受点儿意外伤，就是被足球踢中“十环”——脐下三寸……很难想象，这个关键部位被生生用刀割去时，那种来自生理和心理上的双重折磨有多大。

所以，当两千年前，属于司马迁的蚕室打开的那一刻，我们确信，司马迁已经破茧成蝶了。他的精神，已经随着这次酷刑而升华。

蚕室里的死里逃生，是司马迁的大幸，更是我中华文化的大幸。

自助者，天助之。

若干年后，司马迁的《史记》问世。除去文学造诣之外，这本书在史学上的重要程度有三：

1. 保存了若干珍贵的上古史书资料，包括夏、商、周三代珍稀记载。

2. 空前地开创了当代为前代写史的历史传统，后世薪火相传终有二十四史。

3. 创造性地建立了纪传体通史的体例，后世史家基本上遵循此规范写史。

我们的邻居日本，因为搞不清楚弥生时代❷前后的历史，不远万里跑来查阅中国史书；我们的邻居印度，因为没有历史记载，来中国

❶蚕室：密闭的房间，宫刑之后恢复的专用场所。

❷弥生时代：日本古代使用弥生式陶器的时代。其文化称“弥生文化”。1884年这种陶器首次在东京都文京区弥生町发现。弥生时代在绳文时代之后，古坟时代之前，于公元前300年至公元250年之间存在。

遍访史书填补其历史记载的真空。当周边一众大小国，都从中国史书中寻找自己祖先的蛛丝马迹时，我们会更加真切地记住司马迁所开创的一切，不仅是这本书，还有这种写史的传统。

在后世班固的《汉书》中，关于司马迁的记载极为笼统，我们甚至不知道司马迁的去世时间。然而，司马迁却将自己的“太史公曰”，留在了每一篇《史记》的章节之中，让自己的精神，永远地流传下去。

这是前无古人的壮举。

感谢你，太史公。

太史公后人

当今，研究太史公的人有很多。大家自然而然就会想到一个问题，司马迁是受宫刑的，他到底有没有后人？

中国人讲究传承，讲究祖先崇拜。所以，才会更加关心司马迁的后人问题。如果一个伟大的中国人曾经给中国历史带来了深远的影响和冲击，他如果没有后人，将是莫大的遗憾。

司马迁四十五岁受宫刑，正常来讲，有后代是自然而然的事情。不过，班固的汉书，偏偏缺乏相关的记载，有据可查的是，司马迁有一个女儿。而其他子孙，仅仅提到一句，“王莽时，求封迁后，为史通子”。（《汉书·杨敞传》）

好在，除正史之外，我们还有野史。

在民间的诸多传说和家族记载中，我们采信这样一种广为流传的说法，司马迁有两个儿子，司马临和司马观。后来为避祸，二人回到了陕西韩城老家，司马临改姓同，而司马观改姓冯。

姑妄信之。

不过，司马迁的《史记》却是在女儿手中保存的。

《汉书·杨敞传》记载，“敞子忠，忠弟恽，恽母，司马迁女也。恽始读外祖《太史公记》，颇为《春秋》，以材能称，好交英俊诸儒。”

也即是说，从司马迁的外孙杨恽开始，《史记》得以流传于世。

历史的吊诡，还不止于此。

杨氏家族，后来形成了一个名门望族——弘农杨氏❶。

弘农杨氏，将成为后世改变中国历史走向的一个家族。

本着八卦精神的内涵，我们做一下本章的结语。司马迁的一生，只做了两件事，但两件事都极大地改变了中国历史。第一件，完成了巨著《史记》，成为后世楷模；第二件，生下了一个女儿，嫁给了杨敞。

❶弘农杨氏，是杨姓的郡望之一，始自西汉丞相杨敞。

飞将军的悲剧

李广的悲剧，是性格使然。

三族被诛、背负骂名、祖宗蒙羞，年迈的李陵再也回不去了。

从五胡乱华开始，华夷之辨，由大汉时的血统论，变成了后来的文化论。

李广“神话”

上一章讲到的“李陵事件”，也就是太史公受到牵连的那桩公案，令人困惑之处颇多。因此，我们有必要顺藤摸瓜地了解整个事件的来龙去脉。李陵这个人，虽然不算中国历史上特别威名赫赫的人物，但以“李陵事件”为中心，以李陵及李陵家族为主线，则牵扯出了整个汉武帝一朝乃至汉武帝身后的若干历史人物。

我们从李陵的家族开始说起，先谈李陵的祖父李广。

关于李广的传说很多，而且观点也不尽相同。

有吹捧的，比如匈奴尊称李广为“飞将军”，听其名闻风丧胆；

有惋惜的，比如王勃在《滕王阁序》中说“冯唐易老，李广难封”；

有神化的，比如诗人卢纶的“林暗草惊风，将军夜引弓。平明寻白羽，没在石棱中”。

从以上评价中，我们可以依次得到如下信息：

1. 李广是名将；

2. 李广是受到委屈的名将；

3. 李广是身怀绝技受到委屈的名将。

事实如何呢？

早在前朝，汉武帝的父亲汉景帝平定七国之乱（公元前154年）期间，李广就曾经追随西汉名将周亚夫❶立下了赫赫战功。可以说，李广在军事上属于大器早成的类型。然而不幸的是，李广在情商上则大器晚成。

平定七国之乱之后，意得志满的李广私下接受了梁王刘武的封赏。这件事情表面上看起来没有任何问题。首先梁王刘武是汉景帝一母同胞的亲弟弟，此外，刘武也在平定七国之乱中起到了中流砥柱的作用。不过这只是表象，事实上，皇帝的家事，李广并没有看清楚。梁王刘武不仅是汉景帝唯一的亲弟弟，而且是从小被母亲窦太后溺爱的亲弟弟。在汉景帝和梁王刘武之间，一直有一个“兄终弟及❷”的笑谈，这个笑谈最开始只是被当作兄弟之间的玩笑随口说说。然而这个玩笑却被母亲窦太后记在心上，甚至在此后的很长一段时间里，溺爱幼子的窦太后，一直在明里暗里极力促成这件事情。

“兄终弟及”如果从玩笑变成现实，在外人看来是佳话，但在皇家，不通过流血和政变改变游戏规则，那只是一种传说。皇室和其他家庭的不同之处在于，这是一个典型的政治家庭，而且是拥有全天下最至高无上权力的第一政治家庭。把普通家庭的亲情爱情套用在皇家身上，只是世人的一厢情愿罢了。

正因为这种不可言说的心结，汉景帝与梁王刘武之间，始终都有芥蒂存在。所以，李广

❶周亚夫（前199～前143年），西汉时期的著名将军，汉族，沛郡（今江苏丰县）人。名将绛侯周勃的次子。曾任汉景帝时期的丞相。周亚夫为人个性耿直，不善阿谀权贵，“将在外，君命有所不受”，就出自他之口，被汉文帝誉为“真将军也”；周亚夫一生最大的功绩在于平定“七王之乱”；后在景帝时期任丞相，但因功高盖主和个性耿直而被景帝处死。

❷兄终弟及：二十五年，复入朝。是时上未置太子也。上与梁王燕饮，尝从容言曰：“千秋万岁后传于王。”王辞谢。虽知非至言，然心内喜。太后亦然。（《史记·卷五十八·梁孝王世家第二十八》）
兄终弟及，是一种继承制度。在中国历史上多见少数民族早期政权（例如元金）及古三代，例如商代王位由王弟与王子继承并用的制度。传弟按年龄长幼依次继承，兄终弟继；传子有传兄之子、传弟之子和传嫡子。

私下接受了梁王刘武的封赏，这件事情很快被朝廷定义为僭越。平定七国之乱这样天大的事情，到最后李广劳而无功，没有得到任何嘉奖。

嘉奖虽然没有拿到，但李广一战成名，成为当时景帝一朝炙手可热的名将。其后，李广受朝廷委任，长期在抗击匈奴的一线担任几个边境城市的太守（市长）一职。边疆太守这种职位虽然谈不上多高，但在一线却实权在握，同匈奴斗智斗勇，同士兵同生共死，好不快意恩仇。我们相信，这段时间是李广从军打仗生涯里面最快乐的一段时光。如果历史能够驻留在此刻，那么我们今天知道的李广，将是一个纯粹的飞将军，而没有后来那一波又一波的委屈和忧郁。

公元前141年，汉景帝驾崩，汉武帝即位。

李广在边疆抗击匈奴的名气日盛，又因名气而调任未央卫尉（相当于中央警卫团副团长）。从此，李广正式成为汉朝“中央军委”军事序列中的一员，开始了自己“觅封侯❶”的漫漫长路。作为职业军人，李广很快就投身到了轰轰烈烈的汉匈战争中去。汉匈战争实际上历时非常长，从公元前202年开始，前前后后，断断续续，双方一共打了130多年，堪称中国版本的“百年战争”。

在长达14年的时间内，李广先后参与了五次汉匈战争：

❶“觅封侯”，谓寻找杀敌立功以取封侯的机会。
当年万里觅封侯。匹马戍梁州。关河梦断何处？尘暗旧貂裘。
胡未灭，鬓先秋，泪空流。此生谁料，心在天山，身老沧洲。
——陆游《诉衷情·当年万里觅封侯》
《后汉书·班超传》载，班超少有大志，尝曰，大丈夫应当“立功异域，以取封侯，安能久事笔砚间乎？”后出使西域，被封为定远侯。

1. 公元前 133 年——马邑之战

汉武帝筹划组织马邑之战。马邑也就是今天的山西朔州，在今天的雁门关以外。当时的作战部署是，汉武帝用计策，以马邑这座城市为诱饵，诱使匈奴首领军臣单于大军南下。而汉军方面护军将军韩安国、骁骑将军李广、轻车将军公孙贺率主力部队埋伏在马邑附近的句注山（雁门山）。而将屯将军王恢与材官将军李息则负责阻击侧翼之敌，屯兵于代郡（河北蔚县)。

这一次的行动最终功亏一篑，李广他们连匈奴人的影子也没有看到，计划就已经结束了。这一次，李广没有实际到一线作战，没有战功。

2. 公元前 129 年——龙城❶之战

匈奴进入上谷郡进行掠夺，派车骑将军卫青出兵上谷郡，公孙敖出兵代郡，公孙贺出兵云中郡，李广出兵雁门郡，兵分四路与匈奴会战。公孙贺一无所得，而李广、公孙敖两路军队都被匈奴击败。甚至李广还被匈奴俘虏，后成功逃脱。因全军覆没，而被削职为民。

值得一提的是首次出征的卫青，卫青不仅直捣龙城，还斩首七百人。

这一次，李广被一撸到底，没有战功。

3. 公元前 123 年——定襄北之战❷

卫青率中将军公孙敖、左将军公孙贺、前

❶龙城：汉时匈奴地名。为匈奴祭祀天地祖先之处。《汉书 · 匈奴传上》：“岁正月，诸长小会单于庭，祠。五月，大会 龙城，祭其先、天地、鬼神。”

❷定襄北之战：汉元朔六年(公元前 123 年)，在西汉与匈奴战争漠南之战中，大将军卫青在定襄(郡治成乐，今内蒙古和林格尔西北土城子)以北两次与匈奴单于主力之作战。

将军赵信、右将军苏建、后将军李广、强弩将军李沮等共10万人出定襄北，出击匈奴。同年四月，卫青率六将军共10万人再次出定襄，进击单于军主力，歼灭匈奴万余人。

这次的战役两极分化，年仅十八岁的小将霍去病初出茅庐，率精骑八百，追击匈奴军数百里，斩获两千。而老将赵信则伤亡殆尽，叛变投敌。

这一次伐匈奴，李广虽有战功，但却恰好达不到封侯的标准。

4. 公元前120年——右北平之战

李广以郎中令[1]的级别，同博望侯张骞一起，再次讨伐匈奴。张骞为主将，而李广率四千骑兵策应。兵进数百里，突然被匈奴左贤王率四万骑兵包围，汉兵死伤过半。李广令士兵们引弓不发，他自己连续射杀多人，匈奴兵将不敢妄动。后来汉军主力赶到，李广军得以解出重围。

结局很惨淡，张骞延误战机，被降为平民。

李广几乎全军覆没，战后不赏不罚。

5. 公元前119年——漠北之战

漠北之战，发生于汉武帝元狩四年，是汉军在距离中原最远的战场进行的一次规模最大，也最艰巨的战役，战略目的是一举摧毁匈奴王庭。

❶郎中令：官阶，掌管宫殿警卫。

这一次，李广知道机会难得。因此他请求跟随卫青、霍去病一道参加漠北之战。卫青、霍去病各带领五万骑兵，其中卫青率前将军李广、中将军公孙敖、右将军赵食其、后将军曹襄，霍去病率校尉李敢（李广之子）出战。

这次战役组织得十分成功，汉军损失一万，歼灭匈奴九万人。尤其霍去病封狼居胥山❶，登临翰海（贝加尔湖），从此匈奴在漠南再无王庭。

然而，这一次李广、赵食其的部队迷路，贻误军机，无功而返。

已经六十多岁的李广，戎马生涯，南征北战。自从太守的岗位调任“中央军委”以来，胜少而负多。封侯，那只是个传说，然而数次的劳而无功却是实实在在的。尤其这一次，居然犯了如此低级的错误。此时此刻，花甲之年的李广，一定是无限惆怅的。

依汉律，迷失方向错失战机，也是死罪。

结局很凄凉。走投无路的李广，长叹一声，拔刀自刎。

李广的一生，是声名显赫的一生，也是名不副实的一生；是轰轰烈烈的一生，也是憋憋屈屈的一生。

封侯为什么这么难？答案只有一个，性格决定命运。

太守李广，以我为主，在同匈奴的作战中，充

❶封狼居胥山：指西汉大将霍去病登狼居胥山筑坛祭天以告成功之事，出自《汉书·霍去病传》，后来封狼居胥成为中华民族武将的最高荣誉之一。狼居胥，即今蒙古国境内肯特山。

分发挥了自己灵活机动的作战经验，让匈奴无计可施。

将军李广，特立独行，延续自己在一线的作战习惯，无法融入整个团队的集团作战，次次无功而返。

后世对李广的正式定位是在唐代。公元782年，唐德宗李适追封古代名将六十四名人，李广赫然在列；其后的宋代，李广依然位列七十二名将之中，宋徽宗赵佶追尊其为“怀柔伯❶”。悲催的是，按照公、侯、伯、子、男的等级顺序，怀柔伯也依然不是列侯，宋徽宗与其说是追尊，不如说是揶揄和吃豆腐。

李广的悲剧人生给我们的启示，除了性格决定命运之外，也可以从管理学角度来解释，管理就是将合适的人放在合适的位置上，让在合适位置上的人做合适的事情。无法物尽其用、人尽其才的管理，要么是浪费，要么是胡闹。

李广的悲剧，是性格使然。

然而，更加悲剧的悲剧，是悲剧的性格可以遗传。

比如李广的儿子李敢。

史载，李广有三个儿子，长子李当户，早亡（李当户就是李陵的生身父亲）；次子李椒，早亡；幼子李敢，曾经随同父亲一起，参与了公元前120年的伐匈奴之战，并且表现勇敢果断。

李敢长期以来在同为少年英雄的霍去病帐下效力。公元前119年，讨伐匈奴的霍去病部

❶怀柔伯：爵位是中国古代社会的政治等级制度之一。按《通典·职官·封爵》记载，自尧帝、舜帝以及夏朝，置五等爵：公、侯、伯、子、男。唐德宗时将李广等历史上六十四位武功卓著的名将供奉于武成王庙内，被称为武成王庙六十四将。宋徽宗时追尊李广为怀柔伯，位列宋武庙七十二将之一。

队战功卓著，而李敢也年少有为，在父亲没有被封侯的情况下，李敢被破格封为“关内侯”。这种提拔，无疑是家族的荣耀。

与此同时，李广自杀的消息传来。

年轻的李敢便把罪责推到了卫青身上，认为是卫青逼死了自己的父亲。

年轻气盛的李敢，找机会殴打了卫青。

要知道，卫青是当时的三军统帅，相当于今天的国防部长。更加致命的，卫青不仅仅是三军统帅，他还是皇帝的大舅哥，也是霍去病的舅舅。

同样年轻气盛的霍去病，找机会射杀了李敢。

一位冉冉升起的明日之星，就此陨落。

然而，李广家族的厄运，还远远没有结束。

谜之李陵

作为李广的后人，李陵是自带主角光环的那种狠角色。

因为是名人之后，相信在李陵的成长过程中，他应该是受到了多于常人的外界关注。平日走在街上，李陵也一定会博得京城少女的高回头率。

像李广和李敢一样，李陵本人在青年时期的业务表现，也无愧于祖父李广。

和祖父一样，李陵很早进入“中央警卫团”——统帅建章宫❶的羽林军。曾经作为侦察团长，带领八百士兵，深入匈奴腹地两千余里侦察敌情。之后，被任命为骑都尉❷，带领五千荆楚士兵，在酒泉和张掖训练，以防匈奴。

正如我们前文所提到的，李陵生命的转折，发生在公元前 99 年。汉匈再战，贰师将军李广利率兵出征大漠，汉武帝刘彻要求李陵为李广利监护辎重，配合李广利的主力部队。然而，从这个时候开始，一系列相互关联，但又看起来极其不合理的选择，最终导致了李陵的悲剧。

第一个不合理的选择，五千步卒出征大漠。

李陵本人要求用自己的五千步卒独立成军，作为偏师，来配合李广利的正面作战。汉

❶建章宫：是汉武帝刘彻于太初元年（公元前 104 年）建造的宫苑。武帝为了往来方便，跨城筑有飞阁辇道，可从未央宫直至建章宫。建章宫建筑组群的外围筑有城垣。宫城中还分布众多不同组合的殿堂建筑。

❷骑都尉：官阶，俸禄二千石，掌监羽林骑。

武帝刘彻曾经提醒李陵，是没有那么多骑兵来装备给李陵的。然而，李陵却夸下海口，五千步兵也足以横扫匈奴王庭。

用五千士兵横扫匈奴王庭，战略上是没有问题的。二十年前，初出茅庐的霍去病，曾经以八百骑兵横扫漠北，最后一步步成为西汉将星。然而，这个计划，在战术上的问题就太严重了，因为步兵、骑兵的战斗力和机动力相差过于悬殊。古代步兵和骑兵的差距，相当于今天的步兵和装甲兵。

为什么明知不可为而为之？我们做如下可能的几个假设：

1. 李陵纸上谈兵，不了解同匈奴战斗的残酷。

2. 李陵想赌一把运气，用军事冒险为家族争光。

3. 汉武帝激将李陵，想让李陵复制霍去病的案例。

说李陵不懂匈奴战法，这个说不通，毕竟在张掖和酒泉，他是能够长期接触到汉匈战争的实践与培训机会的。那么，最大的可能只能是后两者，李陵想赌一把，而汉武帝也想赌一把。

第二个不合理选择，不可取的秋季攻势。

汉武帝要求当时的强弩都尉，官拜伏波将军的路博德断后，接应李陵偏师。然而，经验丰富、老成持重的路博德提出自己的见解：秋天，正是匈奴马匹挂秋膘的时候。这个时候出击，倒不如待到来年开春，从酒泉和张掖各出五千兵马，一战必胜。

然而，多疑的汉武帝拒绝了这个合理化的作战方案，反而认为这番言论，是李陵和路博德因畏战情绪而演的一出双簧。如此考虑之下，汉武帝坚持要求李陵即刻出击。

第三个不合理选择，无“地利”千里长途行军。

当李陵别无选择，带着五千步卒匆匆出发的时候，带着一点点勇敢、一点点豪气，当然也带着一点点悲壮、一点点侥幸。我们可以设想一下，假如李陵在此次征途中没有遇到匈奴的正规部队，凭借李陵多年驻守前线的作战经验，完全有可能扫荡几个匈奴的部落或者偏师。之后，配合李广利的主力部队，一定可以取得声东击西的战术效果。当取得小胜班师的时候，李陵也很可能加官晋爵、光宗耀祖。

但历史不容假设。

李陵从居延❶出发，五千步卒行军一个月，一路走到了浚稽山（今蒙古国阿尔泰山中部）。我们来大概标示一下李陵的进军路线。（如图 2-1）

❶居延：今内蒙古额济纳旗东南 17 公里处。

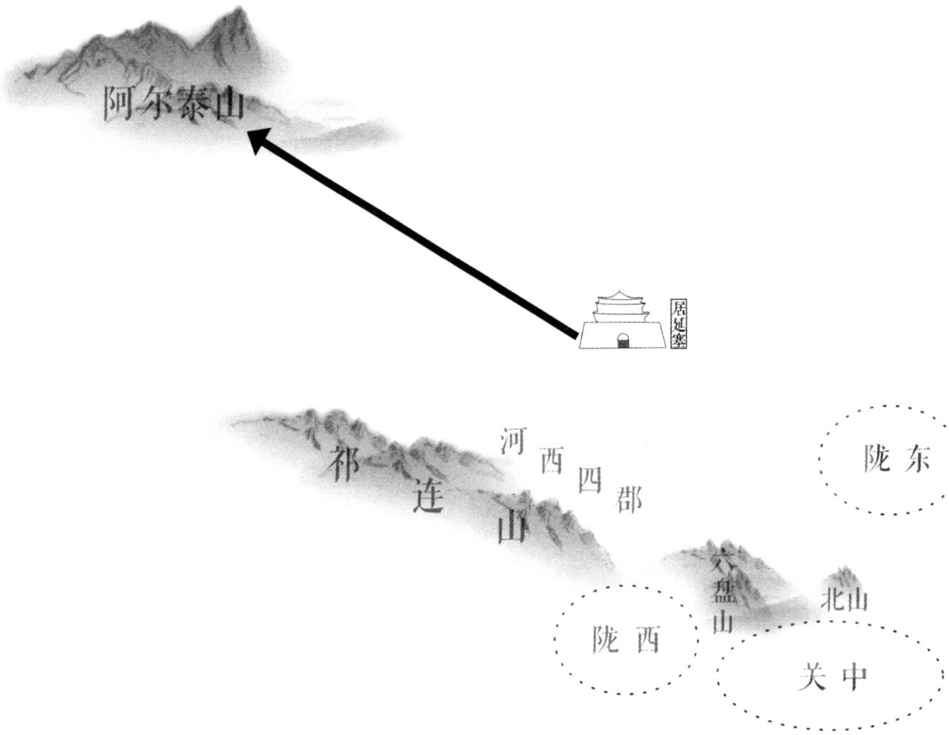

图 2-1　李陵的进军路线示意图

首先，居延并不是个城市，它只是个要塞。所谓要塞，主要以军事用途为主，没有人口也没有最基本的生产生活等功能。居延距离最近的汉帝国腹地——河西四郡❶尚有几百里之遥，而居延距离浚稽山，更是超过一千里。（如图 2-2）

❶河西四郡：指西汉政府在河西走廊设置的四郡，即武威郡、张掖郡、酒泉郡、敦煌郡，行政范围大致包括今甘肃省西部的武威市、金昌市、张掖市、酒泉市、嘉峪关市、内蒙古自治区西部的阿拉善盟一带。

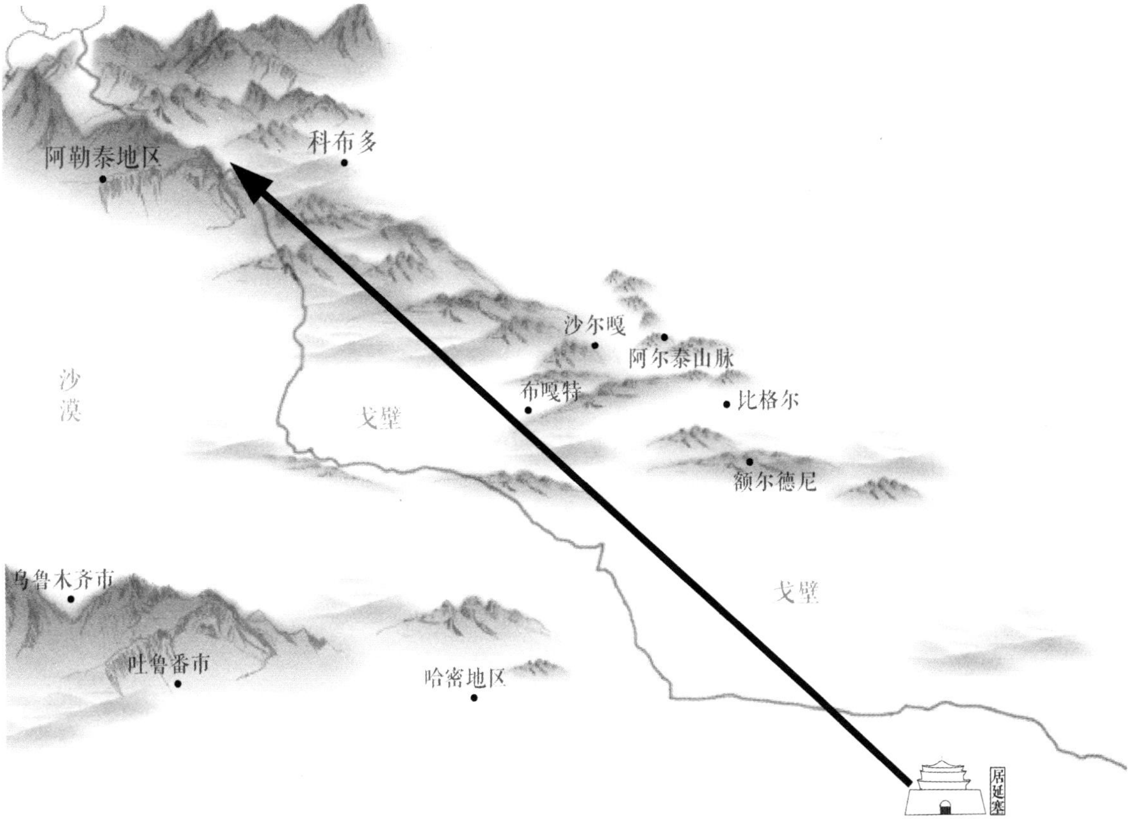

图 2-2　李陵的进军路线放大示意图

所过之处，到处是茫茫戈壁与山地，荒无人烟。

这里，我们没有考虑实际的地形变化，而是用直线来大致推测并标示李陵的进军路线。主要考虑了两个因素：

第一，沿途的地形多以戈壁和山地为主。根据地质学理论，戈壁的成因跟岩石与地壳活动有关系，而岩石的形成一般需要几十万年才可以。所以，我们判断，汉武帝时代的森林、草原、湖泊、河流甚至沙漠，到今天沧海桑田，很有可能会改变地形地貌，甚至同几千年前李陵时代的地形相比面目全非，但是唯独戈壁会保持原生态。所以，我们今天看到的地形地貌，和当年比很有可能变化并不大。

第二，李陵可能的行军路线选择。我们首先在地图上用标尺，确定阿尔泰山到居延塞的最短距离，大概是600公里。再考虑李陵的行军时间，根据太史公的记载，大概是用了一个多月。我们换算一下，假设是走一个大直线而不爬山也不拐弯的情况下，李陵每天的行军速度在20公里/天左右。这个速度，拿到今天来讲，已经不慢了，而且这还需要一个假设条件，就是需要保持这个强度，连续一个月的大运动量行军。而如果考虑经过的地区大部分是戈壁滩，那么我们的结论是，在军队补给正常的情况下，李陵千里直线行军的可能性更大。

打仗，很大程度上是打后勤。汉军士兵的奇兵，往往不会带太多后勤粮草，只有随身携带的干粮和冰块（淡水），否则在行军机动性上就一定会大打折扣。李陵的荆楚勇士编队，充其量也是装备帝国特种部队的标配，即便是武装和给养上具备很大优势，也是靠两条腿走路的正常人。如此远离汉朝腹地，远离居延塞的一次长途奔袭，让人感叹汉军的勇敢，也让人感叹李陵的鲁莽。从基本常识判断，要是遇到匈奴主力，李陵几乎只能听天由命。

可悲的是，李陵确实很快遇到了匈奴主力，不仅是匈奴主力，而且是匈奴且鞮（dī）侯单于的主力——三万骑兵（后又调集八万骑兵）。这等于是玩家玩游戏，本来计划一路打怪升级，装备和战斗力提升后，最后时刻PK大BOSS。

然而，李陵的不幸在于，游戏刚刚开始，就遇到了终极大BOSS。

失败是注定的，只是时间问题。

不得不说，李陵的荆楚勇士组成的汉军，战斗力还是很强的。一路且战且退，杀伤匈奴骑兵一万余人。最终撤退到了距离居延遮虏障❶还有仅仅一百里的地方。李陵指挥部队分散突围，自己则带着副手成安侯韩延年，率领十余人突围，韩延年最终战死。

当战至最后一兵一卒的时候，匈奴招降李陵。

李陵大喊一声："无面目报陛下！"但求生的本能，让李陵放下了武器。然而我相信，李陵在说这句话的时候，内心在滴血，眼睛在流泪。

这场战斗是惨烈的，除了李陵投降之外，能够活命逃回汉朝的士兵，只有四百多人，五千荆楚勇士，十去其九。

悲剧，不折不扣的悲剧。

然而，更大的悲剧还在等着李陵。

李陵投降的消息传回长安，司马迁意外地受到了牵连。而受到更大牵连的，是李陵的三族妻儿老小。

❶遮虏障：汉长城，在张掖居延县，路博德所筑。今内蒙古额济纳旗东南。

从主观情感上，汉武帝还对李陵抱有渺茫的希望。将门虎子、忠良之后，如果这样的标志性人物都能够投降，对汉武帝刘彻的打击将是致命的。于是，汉武帝派遣公孙敖等人，去接应仍有残存回归可能的李陵，希望他就像当年他的祖父一样杀回汉朝。

就这样，等了一年之久。然而，等来的消息是冰冷的，李陵投降匈奴，甚至开始为匈奴操练兵马。

消息传来，汉武帝下令，诛杀李陵三族。

投降之后

李陵降匈奴，且全家遭到族诛之后，娶了且鞮侯单于的女儿（拓跋氏）为妻，同时被封为匈奴的“右校王❶”。从此，剃发易服，过上了匈奴贵族无忧无虑的生活。

然而，貌似平静的生活之下，有几件事情，还是让李陵去国伤怀的。

第一件事，大汉有次派使者去匈奴。李陵质问使者，认为自己力竭而降，被族诛太过了。但是使者说，分明是李陵为匈奴操练兵马在先。李陵这才明白过来，原来，是汉武帝搞混了李绪（早于李陵投降的汉将）和李陵，因为李绪才是一直为匈奴练兵的人。事情至此水落石出，公孙敖得到的情报，原来是一个天大的误会。

李陵因为这件事情，借故除掉了李绪。同时，也为自己同汉武帝刘彻的恩怨，做了一个里程碑式的了结。

第二件事，公元前90年，也就是李陵投降匈奴九年之后，贰师将军李广利再次讨伐匈奴。匈奴派李陵率领三万匈奴骑兵追击老领导李广利的一支主力，一路追到了浚稽山。

是的，你没有看错，又是浚稽山。

在这片熟悉的土地上，不知道是因为心虚，还是因为伤感。血战九天之后，因形势不

❶右校王：即右贤王，匈奴贵族封号，二十四长之一。在右部诸王侯中地位最高，与诸右王居匈奴西部，自置千长、百长、什长、裨小王、相、都尉、当户、且渠等。

利于匈奴，李陵败退。

面对汉军，李陵战败，也许是最好的结果吧。

第三件事，汉朝著名的外交家苏武被扣留在匈奴期间，单于派李陵去劝降。然而，或许是李陵内心深处的波澜，让他注定不可能死心塌地去劝说苏武。攻心战术并不好用。劝降不成，反而李陵不忍看到苏武生活的拮据，自己倒是搭了几十头羊进去，权当给苏武改善生活。

苏武在匈奴一呆就是十九年，直到两鬓斑白。

公元前81年，经过无数的外交努力，苏武归汉。

在苏武离别前，李陵设宴欢送。席间，李陵还是忍不住触景生情，说：“今足下还归，扬名于匈奴，功显于汉室，虽古竹帛所载，丹青所画，何以过子卿！”（《汉书·苏武传》）对比苏武的荣归故里，衣锦还乡，自己虽然荣华富贵却寄人篱下，李陵的内心一定极不平静。

李陵的人生悲剧，不仅仅在于战败投降，家族蒙羞，更在于内心一生之挣扎。苏武一别，这种痛苦终于到达了顶点。

汉武帝驾崩之后，汉昭帝即位。李陵的好友霍光和上官桀辅政，曾经派使者到匈奴，劝说李陵归汉。然而，李陵最终还是拒绝了。

人生，每天都是现场直播，没有回头路可走。

三族被诛、背负骂名、祖宗蒙羞，年迈的

李陵再也回不去了。

公元前 74 年，投降匈奴二十五年后，李陵客死他乡。

李陵身后

李陵去世了，然而李陵的影响却远远没有结束。

跟李陵有关的故事层出不穷，有真有假，半明半昧，不管是否真实，有很多人在李陵百年之后，依然把个人命运乃至身家性命，都牵扯到历史糊涂账中去了。

1. 北魏拓跋氏

李陵去世八十年后，王莽篡汉。刘秀起兵，建立东汉。

刘秀中兴二百年后，曹魏篡汉。刘备称帝，建立蜀汉。

公元 263 年，蜀后主刘禅投降曹魏，自此汉室苗裔退出历史舞台。

公元 280 年，三国归晋。

又过了三十多年，公元 316 年，匈奴人刘渊灭亡西晋。冒认“大汉之甥”（《晋书·刘元海载记》），不仅恢复汉室称号，还遥尊蜀汉，追谥刘禅为“孝怀皇帝”。

五胡乱华[1]固然是落后文明对先进文明的一次大冲击、大毁灭。然而，不可否认的进步意义是：从刘渊开始，各种各样的冒认祖先，开始在五胡中蔓延，匈奴、鲜卑、羯、氐、羌，几

[1]五胡乱华：西晋时期北边众多游牧民族内迁，趁西晋八王之乱期间衰弱之际陆续建立非汉族国家而造成与南方汉人政权对峙的时期。“五胡”指匈奴、鲜卑、羯、羌、氐五个胡人的游牧部落联盟。百余年间，北方各族及汉人在华北地区建立数十个强弱不等、大小各异的国家，其中存在时间较长和具有重大影响力的有五胡十六国。

乎个个都能够在中国典籍中给自己找到华夏正宗。

正如公元800年12月25日，如日中天的日耳曼蛮族政权查理曼大帝在罗马教廷受洗一样。五胡建立的中原政权，在中国的历史典籍中查找入主中原的基因上的合理性，本身是对中华文化的一种敬畏和认同。中华文化由一种文明，顺理成章地转变为一种信仰。正如古人所说的，“夷狄入中国，则中国之，中国入夷狄，则夷狄之”。（唐·韩愈·《原道》）

换句话讲，从五胡乱华开始，华夷之辨，由大汉时的血统论，变成了后来的文化论。五胡乱华，包含了民族的大清洗、大杀戮，当然，也包含了民族的大迁徙、大融合。

刘渊冒认祖先之后，最有名的认祖事件是拓跋北魏。

这件事的缘起，是崔浩修国史。

崔浩，北魏时期的著名汉族政治家，曾辅佐北魏道武、明元、太武三任皇帝。崔浩出身于北魏山东士族豪门之家，本人又长相英俊标致。典型的高富帅出身，给了崔浩良好的教育背景，精通道学、易学、史学、文学。

崔浩的政治军事才能自然不在话下，然而皇帝太武拓跋焘更加看重崔浩的文字功底。于是公元439年，皇帝命令由崔浩来修国史。

崔浩经过对资料的审核，以及对早期北魏

历史的发掘，他了解了很多鲜为人知的鲜卑早期历史。他揭示的其中一项内容是，鲜卑拓跋氏❶实际上是李陵的后人。这个研究成果，可谓石破天惊。然而，这个结论却触怒鲜卑贵族。鲜卑贵族不断告状，要求皇帝采取措施，制止崔浩的行为。

崔浩最终被灭族。

然而，这件事情的蹊跷之处在于，欲盖弥彰。

之后的若干年里，鲜卑拓跋不断进行自我汉化。若干年后，鲜卑融入汉族。

鲜卑拓跋大部分人改姓元，还有一部分人，改姓李陵的李。

某些历史就是一本大八卦。

2. 吉尔吉斯

同司马迁对弘农杨氏的影响力一样，李广家族对于陇西李氏❷的影响力，让后世李氏子孙，不断地认祖归宗。

最有名当属大唐，从李渊到李世民，追溯自己祖先历史的时候，都宣称自己是陇西李氏后人，是飞将军李广的直系子孙。这种说法，在李唐一朝是得到认可的。并且，有官方的记载，将李家的族谱由李渊到李虎，由李虎到李暠（hào），李暠到李广，李广又上溯到了李信，乃至于老子李耳。

也正因如此，最终这种说法的采用，导致了一场认亲事件。

❶李陵的匈奴妻子为拓跋氏，李陵后人随母姓拓跋，后长期同鲜卑通婚。

❷陇西李氏：源自颛顼孙皋陶之后，世为理官，到了周朝时文化名人老子李耳是孔子的老师。其后是秦国的司徒李昙长子陇西郡郡守李崇，李崇之次子李瑶为南郡守，封狄道侯；其孙李信为大将军，封陇西侯。其子孙“飞将军”李广是汉朝时的重要人物。
陇西李氏到唐朝时连续出了10位宰相。陇西李氏一支李渊灭隋，建立唐朝，开创了一个文化兴盛的伟大时代。到南宋郑樵编《李氏源流》时，“言李者称陇西”。

据《新唐书》（列传第一百四十二）记载，一支来自俄罗斯叶尼塞河的黠（xiá）戛斯部落，在其俟利发❶带领下，千里迢迢来到大唐认亲。该部落自称李陵后人，且具有明显的黄种人特征，那么推理知道，黠戛斯同李唐皇帝同为李广后裔。根据中国历史的记载，当时李陵也恰好被分封在坚昆地区，而坚昆又恰好是黠戛斯的古称。

同北魏崔浩事件的悲剧收场相比，这件事情最终的结局是圆满的。

俟利发同唐太宗把酒言欢，以同宗相认。席间，俟利发请求归附大唐。唐太宗允准，在坚昆旧地设立坚昆都督府，封俟利发为坚昆都督，左屯卫大将军，隶属于燕然都护府。

自此，大唐的天山脚下，汉族多了一个兄弟民族——黠戛斯。

而今天的吉尔吉斯共和国，传说就是黠戛斯的后人。而生活在中国新疆的柯尔克孜族，更是汉族拱卫边疆的传统盟友。

这些民族融合和民族亲情，大概是两千年前的李陵所没有想到的吧。

李陵，虽然不是出自你的本意，但我们还是应该授予你“民族团结先驱”的光荣称号。

3. 其他传说

李陵的更多版本故事，则越来越传奇。

据传说，出生于碎叶的李白，其实是李陵

❶俟利发：柔然、突厥、回鹘等官号，首领之义。

之后。

据传说，杨继业自尽碰死的石碑，叫做“李陵碑”。

在这些传说中，最靠谱的一个，是北周有个人叫李穆，自称是李陵之后。而这个李穆，从某种意义上来讲，是改变中国历史进程的人。

我们在下一章，将会提及李穆，以及跟李穆息息相关的弘农杨氏。

司马迁的拯救

弘农杨氏和陇西李氏这两个名门望族横空出世，结束自汉末以来的三百多年大乱世。让中华文化在浴火之后重生。

屠龙高手宇文护，最终命丧龙手。

韩擒虎的原名不叫韩擒虎，叫韩擒豹，随着年龄的增大，擒豹才成了擒虎。

六镇之乱

前文说完太史公和李陵，他们的后人们，弘农杨氏和陇西李氏也就顺势浮出水面了。这两个名门望族，将横空出世，结束自汉末以来的三百多年大乱世。他们将再造华夏，让中华文化在浴火之后重生。

话说司马迁的时代是西汉的极盛时期，西汉之后就是东汉，中间隔了个王莽。东汉末年分三国，最后归于一统，就是西晋。可惜西晋不够争气，当年的三国虽然乱成一锅粥，但三个国家还可以把异族揍得鼻青脸肿，比如曹魏能北击乌丸，蜀汉能南征孟获，东吴还可以在越族人手中切香肠一样地蚕食地盘。结果貌似强大的西晋，统一不过三十多年，匈奴、鲜卑、羯、氐、羌这些组团进入中原，报复性地针对汉人王朝抢钱抢粮抢女人，史称“五胡乱华”。

如是，北方先后出现了十几个打着各种皇帝旗号的割据势力，与南方的成汉政权一起合称十六国[1]。与此同时，晋王室则迁移到了南方，建立东晋。所以南方在表面上，还道貌岸然、正襟危坐地保持着一点文明社会的影子，而北方一时之间则狼烟四起。整个北方的这种混乱局面又一直持续了一百多

[1] 十六国：是中国历史上的一段大分裂时期。该时期自304年李雄和刘渊分别在蜀地建立成国（成汉）、在中原建立汉赵（后称“前赵”）时起，至439年北魏拓跋焘（太武帝）灭北凉为止。这一期间，中国江南、荆湘地区由东晋控制，而北方和西南则先后建立了二十多个国家。其中的成汉、前赵、后赵、前凉、北凉、西凉、后凉、南凉、前燕、后燕、南燕、北燕、夏、前秦、西秦、后秦十六个国家实力强劲，被统称为“十六国”。

年，横空出世的鲜卑拓跋氏强势崛起，才慢慢重新整合起了北方的各路草头王。

我们就从鲜卑拓跋氏，以及他们建立的北魏开始讲起。

北魏拓跋氏（传说是李陵之后），是一个崇尚汉文化的皇族。在北魏孝文帝拓跋宏时，汉化达到空前的程度，孝文帝甚至不惜得罪鲜卑贵族的利益，将首都从平城（大同）迁到洛阳。这样的安排，是为了让北魏的政治中心更加接近汉文化昌盛的中原地区，也是为了接下来的一统南方做准备。顺便，还打击了北魏体制内各种只拿钱不干活的鲜卑军头们。

孝文帝的本意是好的，然而，实施过程中，各种势力和矛盾像火山一样，被皇帝用强制的手段死死压下了。在孝文帝驾崩之后，烈火必将喷涌而出。

首先是汉胡文明的矛盾。

当时的北方，经过了数百年五胡乱华，大批的胡人内迁，并且在连年征战中胡人曾经建立了无数个割据政权。在这种情况下，除了一些国家机器金字塔顶端的汉人大儒和重臣，其实北方的下层汉人地位并不高，且经常成为军事斗争的牺牲品。在大部分的胡人眼里，汉人不过是待宰的羔羊。在面对汉人的强势心理状态之下，用国家强制手段对胡人进行汉化，将会激化汉胡之间的矛盾。也将会使得胡人对下层汉人的歧视，顺势演变为仇视。

不仅如此，在人心思变的大背景下，胡人的贵族和官员中间，也出现了明显支持汉化和抵制汉化的分野。北魏国家机器顶端那个强有力的统治者一旦不复存在，那么这些矛盾必然浮出水面。

其次是六镇[1]和中央的矛盾。

六镇，是当年北魏初年，为了抵御北方柔然人的进攻，而设立的军事屯田性质的六个军镇，用来拱卫京城平城。六镇的设立，紧随鲜卑人由游牧文明逐步转为农耕文明的历史进程。鲜卑人入主中原，面南称帝之后，就实现了自己文明化的华丽转身，而当年在草原上的好兄弟柔然，则成了装在自己背上的一颗定时炸弹，鲜卑人需要腾出手来专门对付这个来去如风的游牧民族。六镇就相当于刚刚稳定下来过定居生活的鲜卑人，为自己在首都的正北修筑的一道院墙，防止柔然人过来自家院子里打秋风的。

六镇，分别是沃野（内蒙古巴彦淖尔）、怀朔（内蒙古固阳）、武川（内蒙古武川）、抚冥（内蒙古四子王旗）、柔玄（内蒙古兴和）、怀荒（河北张北）。军镇由镇将和镇民组成，早期的镇将镇民主要由鲜卑和胡人组成，后期陆续补充进入了一些鲜卑化的汉族。镇民世袭，也不准随意迁徙。

[1]六镇：具体设置时间不详。广阳王元深曾说："昔皇始以移防为重，盛简亲贤，拥麾作镇。"北魏边镇大约在道武帝时代已初具规模，当时统称为"北镇"，有的镇还没有固定的治所。太平真君七年（446年）六月魏太武帝拓跋焘调发司、幽、定、冀四州十万人在东起上谷（今北京延庆），西至今山西河曲一带大规模修筑边防工程。太和十八年（494年）七月，孝文帝巡视怀朔、武川、抚冥、柔玄四镇，下诏六镇及御夷城人，年满八十以上而无子孙兄弟，终身给其廪粟；七十以上家贫者，各赐粟十斛。"六镇"之称，始见于记载。

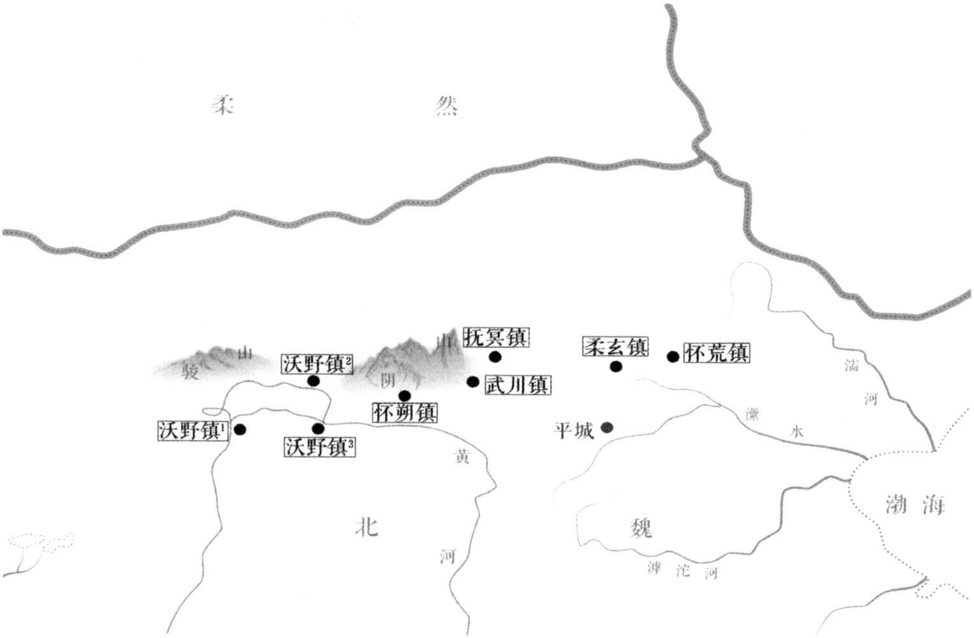

图 3-1　北魏六镇图

六镇见证了北魏早期鲜卑人军事立国的辉煌时代。当时的六镇镇民们，待遇优厚，地位极高，在同柔然的长期作战中依靠军功也提升很快。然而，自从魏孝文帝迁都之后，一切都改变了。之前拱卫京师的前线，变成了苦寒之地的边陲，待遇直线下降，地位也今不如昔。一些刑徒死囚也陆续地充实到了军镇，让六镇的人口素质急速下滑。

镇民的发展路径也很成问题。在首都洛阳的汉胡两族，能够得到良好的中原文化教育，从而成为重点的中原文化提拔对象。而之前依靠军功而有机会获得破格擢升的六镇镇民们，现在看来都成了目不识丁(只懂鲜卑语)的大老粗。

在镇民的眼里，他们就是北魏的天朝弃民。

当愤怒再也无法控制的时候，就将变成燎原的熊熊烈火。

公元524年，六镇之乱爆发。

暴动最先发生在六镇之一的沃野镇，所以我们不妨称之为“沃野第一枪”。因为无法忍受饥饿，沃野镇的普通一兵破六韩拔陵❶，杀掉了自己的戍主❷发动暴动。

起义之后，破六韩拔陵在怀朔建制，自称真王。六镇的其他镇民，群起响应。起义军风起云涌，很快占领了武川、怀朔二镇。这次的起义震动了北魏朝廷，对于战争烈度的不断上升，帝国也缺乏有效的应对方案。于是在公元525年，北魏当局和自己的老对手柔然合作，十万柔然军队南下平叛。也就在这一年，破六韩拔陵手下大将破六韩孔雀战死，破六韩拔陵本人则下落不明。

镇民们的起义虽然被压制下去了，但是饿肚子的事情还是要解决。于是，北魏当局想办法，把多达二十万人的镇民安置在了河北瀛州、冀州、定州三个州。由政府出面解决二十万人的就业和吃饭问题。然而，问题解决得并不成功。仅仅过了两年，镇民们又卷土重来。而且这一次的暴动就不仅仅是在塞外苦寒之地了，这一次各族镇民直接进入了中原王朝的核心区——河北。

这第二枪的带头人叫葛荣，原怀朔镇镇将。

这次的暴动非常成功，短短两年时间，葛荣的人马发展到了30万人。到后来葛荣自称天

❶破六韩拔陵：生卒年不详。北魏末六镇起义首领。破六韩又作破六汗或破落汗，为潘六奚的异译。匈奴单于之后裔。原居沃野镇为镇民。

❷戍主：驻守一地的长官。

子，国号大齐，改元广安。已经建制的葛荣，准备西进洛阳，建立一个真正的中原王朝。

结果在邺城这个地方，北魏权臣尔朱荣部队和葛荣部队遭遇。

双方展开激战，尔朱荣带领的政府军大胜。葛荣本人被斩首，葛荣的部队则被尔朱荣收编。

公元528年，六镇之乱被平定，然而叛乱带来的冲击是巨大的。

冲击之一，权臣尔朱荣平叛有功，成为北魏朝廷的主宰。短时间之内，尔朱荣一族，随即又在北魏朝廷大开杀戒，掀起了腥风血雨。

冲击之二，叛乱中涌现了一大批六镇镇将转型而来的军事实力派政客，比如宇文泰、高欢、侯景……这一连串名字，我们称他们为“六镇派”，他们在尔朱荣被杀之后，继续把持北魏的朝政。

公元534年，鲜卑化的汉族人高欢，拥立元善见为帝，定都邺城（河北临漳），史称东魏。

公元535年，汉化的鲜卑人宇文泰，拥立元宝炬为帝，定都长安，史称西魏。

这样，原来的北魏就被一分为二。新成立的西魏和东魏，分别以长安和邺城为中心，在北方对峙。

八柱国家

西魏和东魏，实际统治者是六镇镇将出身的宇文泰和高欢，二者的背景大致相似，都崛起于“六镇之乱”。不过，二者在执政理念上泾渭分明，一个身为鲜卑人而接受汉化，接受更高的文明。而另外一个身为汉族，却继续倡导落后保守的鲜卑化。这样的表现，导致了六镇的军事人才，尤其是汉族人才以及北魏王族大批量聚集到宇文泰麾下。

宇文泰治下的六镇人才以及北魏王族，同关陇本地的名门望族相结合。终于产生了喷薄而出的化学反应，催生出了一个震古烁今的政治实体——关陇六镇军事政治集团（简称“关陇集团”）。

所谓关，是指今天的陕西关中地区；所谓陇，是指今天的甘肃乌鞘岭以东，宝鸡以西地区以及宁夏全境，因为这个区域在陇山（也叫六盘山）周围而称为陇，甘肃也因此简称陇。如果细分的话，那么以六盘山为界，六盘山以西，被称为“陇西”，六盘山以东，则被称为“陇东”。于是，关中和甘肃东部、宁夏合称为“关陇地区”。

关陇集团的出现，实际上是中国士族门阀时代的第二个高峰。

简单说一下中国的士族门阀之源流。

魏晋南北朝以来，士族尤其是南方士族的门阀政治可谓兴盛一时。当时的南朝涌现出了很多有名的世家，比如兰陵萧氏❶，代表人物萧衍、萧道成；琅琊王氏❷、代表人物有王导、王羲之、王献之；陈留谢氏❸，代表人物有谢安、谢道韫、谢灵运；谯郡桓氏，代表人物有桓温、桓玄。

当然，士族门阀的翘楚，北方也有。比如前文提到的崔浩，来自清河崔氏。北方其他大族，如范阳卢氏、太原郭氏、河东柳氏。

士族门阀政治对于选拔政治人才的影响，就是讲究出身讲究门第的魏晋以来选拔官员的标准——九品中正制❹。

不过随着北方的五胡战乱，南方的侯景之乱（前文曾涉及，原六镇镇将）等一系列战争，几百年的士族门阀受到了冲击，很多大族被战乱打击得一蹶不振乃至被族诛。

而当旧门阀陆续凋零的时候，关陇集团站到了历史前台，这个集团将会对接下来一百多年的中国政治生态，产生深远影响。

六镇镇将出身的宇文泰，及其麾下的“关陇集团”，后来成为西魏权力核心，并在此基础上演变为“八柱国”。

柱国这个官职，来源于春秋战国。几百年后，因为平定六镇有功，北魏皇帝首次授予了尔朱荣“柱国大将军”。而宇文泰，则创造性

❶兰陵萧氏：为南朝“四大侨望”。起源于兰陵郡（今山东省临沂市兰陵县）。

❷琅琊王氏：起源于两汉时期的琅琊临沂（今山东省临沂市），晋代四大盛门“王谢袁萧”之首，鼎盛于魏晋。素有“华夏首望”之称。

❸陈留谢氏：出自陈郡阳夏（今河南太康县）。是东晋的最后一个“当轴士族”。由宋至梁，一直为士族领袖，与琅琊王氏并称“王谢”。

❹九品中正制：又称“九品官人法”，是魏晋南北朝时期重要的选官制度，它上承两汉察举制，下启隋唐之科举，是中国封建社会三大选官制度之一。这种选官制度，实际是两汉察举制度的一种延续和发展，或者说是察举制的另一种表现形式。

地将柱国大将军，分成“八柱国”。

八柱国，相当于今天的八个军区，而柱国将军也就相当于军区司令员。八柱国里面，宇文泰作为西魏实际统治者，不开府（设立单独办公机构）；北魏王族元欣身为皇家贵胄，也不开府。其余的六个柱国，各自设两个大将军，这样就有十二个柱国大将军（隋朝开国皇帝杨坚的父亲杨忠，就曾经是柱国大将军之一）。而每个将军又各管两军，这样就有二十四个军。由这二十四个基层建军，西魏建立最基本的军事政治系统。

实际上，八柱国，也就是已经系统化了的“府兵制”体系。

就中国兵制而言，历史上一直存在募兵制和府兵制两种体系。

简单来讲，募兵制就是职业军人制度，由国家招募，并且统一配发军饷，统一进行训练；府兵制则是半兵半民，战时为兵，平时务农。由各个柱国，自行对士兵发饷和训练。

八柱国的府兵制，在隋唐初期一系列军事行动中，起到了很关键的作用。

我们看看西魏八柱国都有哪些人组成：

宇文泰，鲜卑族，西魏第一代领导集团核心。

元欣，鲜卑族，西魏王族，无实权，首都长安著名园艺师。

李虎，汉族，以能征善战闻名，李渊的祖父，李世民的曾祖父。

李弼，汉族，善治军，此人是《隋唐英雄传》瓦岗寨首领李密的曾祖父。

赵贵，汉族，以德智而闻名，曾经参与密谋诛杀宇文护。

于谨，族属有争议，善谋略，此人的儿子于翼，同李穆（李陵后人）协助过隋文帝杨坚。

侯莫陈崇，鲜卑族，以勇猛而闻名。

独孤信，鲜卑族，曾经和赵贵密谋诛杀宇文护。此人是隋文帝杨坚的岳父，也是北周明帝宇文毓的岳父，还是李昞（李虎之子，唐高祖李渊之父）的岳父，不折不扣的“史上最强老丈人”。

公元556年，宇文泰去世。

公元557年，宇文泰的第三子宇文觉，在堂兄宇文护的扶持之下，废黜西魏恭帝元廓而自立，建立北周，史称“北周孝闵帝”。

西魏八柱国也升级为北周八柱国，追封李虎为唐国公，进封李弼为赵国公，赵贵为楚国公，于谨为燕国公，侯莫陈崇为梁国公，独孤信为卫国公。

屠龙高手

北周建立之后，宇文泰家的后人们非常不消停。

因为宇文家族里面出了一个屠龙高手——宇文护。

宇文护是宇文泰的亲侄子，名义上是侄子，实际上宇文护不过比宇文泰小了六岁。宇文泰自己的儿子们都还小，因此在宇文泰南征北战时期，宇文护助自己的叔叔一臂之力，立下了不世之军功。宇文泰弥留之际，托孤宇文护，希望宇文护能够尽心尽力辅佐自己年幼的儿子们。宇文护没有食言，他尽心尽力了，却不仅仅是辅佐幼主这么简单。

公元557年，已经让位给宇文觉的西魏末代皇帝元廓，被宇文护杀死。

还是公元557年，元廓被杀后一个月。北周孝闵帝，也就是宇文泰家的老三宇文觉，说来也算是北周一朝的“开国皇帝”。只是这个开国皇帝，堪称几千年中国史上最为憋屈的一个。年仅十五岁的宇文觉，搞不明白宇文护拥立自己的真正目的，所以他迫不及待地想亲自主政，因此惹怒了堂兄宇文护。于是，这位北周的开国皇帝旋即被宇文护杀死。之后，宇文护再立宇文泰的第一个儿子宇文毓（独孤信的女婿）为帝，史称“北周明帝”。

再过了三年，公元560年，同孝闵帝一样，宇文毓想亲自主政，再次惹怒了宇文护。同年，宇文毓被宇文护毒死，时年二十六岁。再之后，宇文护再立宇文泰的第四个儿子宇文邕为帝，史称“北周武帝”。

短短三年，屠龙高手宇文护连续杀掉了元廓、宇文觉、宇文毓，西魏、北周两朝共三个皇帝。看起来宇文护对本家兄弟太过残忍，不过细琢磨起来，其实也不用替已故的宇文泰有什么遗憾。因为当年的宇文泰，正是依靠这种决绝与嗜血，连杀北魏孝武帝元修，以及西魏废帝元钦两位皇帝。北魏和西魏两朝得势，才有了宇文家族到了今天的兴旺发达。从这个角度而言，宇文护是宇文泰的好徒弟，在通往权力的路上，他只是在山寨自己的叔叔而已。

在宇文护的巨大阴影之下，新鲜出炉的皇帝宇文邕，每天活得战战兢兢，如履薄冰；必要的时候，还需要装疯卖傻、指鹿为马。然而，低调而隐忍的过程是必要的，前面的三个皇帝，便是前车之鉴。韬光养晦这句话说起来容易，践行起来则难之又难。夹着尾巴做人，坚持一天很容易，坚持多年则又是难之又难。对于胸有大志，也有杀兄之恨的宇文邕而言，这样的坚持则更是难上加难。

不过，宇文邕还是熬过了无边的漫漫长夜。

公元 572 年，已经苟且了 12 年的皇帝宇文邕，事先安排人马在自己周围埋伏好，之后将宇文护骗入内宫。趁宇文护丧失防备之心的时候，宇文邕从宇文护的背后出现，使用上朝用的玉笏亲手将宇文护打倒，宇文护一命呜呼。

屠龙之人，终命丧龙手。

惹事的“龙颜”

隋文帝杨坚像

北周武帝宇文邕，在宇文泰的儿子里面，是相对比较出色的一位继承人。对待皇帝这份职业，他非常敬业。他的工作有长期规划，如蛰伏多年，铲除权臣；当然也有短期措施，如有组织灭佛，增加生产力。

铲除宇文护之后，宇文邕还特别关注了一个人，这个人就是杨坚。

时年三十一岁的杨坚，已经在四年前，承袭了父亲杨忠隋国公的官爵，当然也承袭了北周皇帝对杨忠的鲜卑赐姓，普六茹。换句话讲，此时的杨坚，还不能叫杨坚，准确的叫法是，普六茹坚。对于这个鲜卑化的名字，作为京师太学❶的毕业生，汉文化和国学功底极深的杨坚，是心有不快的。然而在鲜卑人掌握政权的中央政府面前，这种鲜卑化的名字本身，却带有鲜明的政治内涵，杨坚自然明白这个道理。

杨坚能够参与到北周政治生活中去，其实只是因为接班，他本人当时也并没有呈现出更多的政治兴趣和野心。况且，在白色恐怖的宇文护时代，杨坚几次被宇文护猜忌，且曾经有过生命危险。那个时代，很多人每天在床上眼睛一闭，盘算的都是明天还能不能看到升起的太阳。命能不能保住尚且未可知，也更加谈不

❶太学：中国古代的国立大学。太学之名始于西周。夏、商、周，大学的称谓各有不同，五帝时期的大学名为成均， 在夏为东序，在商为右学，周代的大学名为上庠，在洛邑王城西郊 。
汉武帝时，采纳董仲舒“天人三策”，“愿陛下兴太学，置明师，以养天下之士”的建议，于京师长安设立太学。王莽时天下散乱“礼乐分崩，典文残落”，“四方学士多怀协图书，遁逃林薮”，太学零落。

上对于职业生涯的认真规划了。

十二年过去了，杨坚亲眼见证了宇文护飞扬跋扈，终遭报应的下场，也更加看清楚了生命的无常与政治的残酷。然而，既然出身政治世家，你的命运就随之被绑在了政治这架战车之上，这事不是你想不想、会不会、能不能的事情，而是完全躲不开。尤其在异常险恶的政治生态之下，放眼看去，你周围的人都会玩政治，因为不会玩政治的人，坟头草早就老高了。

所以，既然端起了政治的饭碗，就必须接受政坛的洗礼。杨坚就是这样，非常被动地卷入了几次政治风波。

第一场政治风波，起因是杨坚的长相。

年轻有为的宇文邕，长期关注杨坚，也恰恰是因为杨坚的独特相貌，吓得惊动了宇文邕。

史载：杨坚“为人龙颔，额上有五柱入顶，目光外射，有文在手曰王，长上短下，沉深严重”（《隋书·高祖纪》）。这段话的意思是，杨坚的额头上有五根肉柱子，深入头顶。目光炯炯有神，手纹有“王”字。上身长下身短，深沉威严。按照今天的审美观，这副尊容长得也够惊心动魄。然而，关键在于第一句，杨坚的相貌是“龙颔”。也就是说，当时的人看来，杨坚分明是长了一张龙颜！

多年以后，已经当上皇帝的杨坚，他的个人肖像画因为机缘巧合，流落到了当时中国的南方地区领导人陈后主陈叔宝[1]手中，陈后主居然吓到风中凌乱，将画丢在地上，说："吾不欲见此人！"（《资治通鉴 · 陈纪九》）

在宇文邕看来，杨坚也许没有反骨，然而却明明白白长了一张"反颜"。于是，英明神武的宇文邕动了杀机。其实反颜不反颜只是个借口，宇文邕是一个聪明的老板，杨坚跟着这样一个极端聪明的老板打工非常危险，因为这个老板能识人能用人，也当然能够观察到杨坚的与众不同之处，乃至对老板本人的巨大威胁。杨坚这样的人，在宇文邕眼中，往好了说，具备做大事的天然能力；往差了说，杨坚打工生涯到了某个阶段，就有炒掉老板而自己创业的可能性。

不过好在杨坚在朝廷上下的口碑人缘还不错，一众亲朋故旧，在宇文邕跟前，和的一手好稀泥。最终这件事不了了之。

第二年，重新博取到宇文邕信任的杨坚，对于自己的政治现状依然感到不安，于是他通过一系列台面之上和台面之下的运作，顺利地将女儿杨丽华嫁给了皇太子宇文赟（yūn），杨丽华成为皇太子妃。最终这件事情，成为杨坚政治博弈的一步堪称妙手的好棋。

对比宇文泰家的其他子孙，宇文邕确实是个好皇帝。然而，南北朝时期的好皇帝凤毛麟角，仅有的几位却也个个短命，宇文邕也不例外。公元578年，朝廷内已经没有权臣掣肘的、

[1]陈后主：陈叔宝（553年11月-604年11月），陈太建十四年（隋开皇二年，582年）至陈祯明三年（隋开皇九年，589年）在位，字元秀，小字黄奴，陈宣帝陈顼长子，母皇后柳敬言，南北朝时期陈朝最后一位皇帝。

踌躇满志的宇文邕，准备兵分五路，御驾亲征，出击突厥。然而，皇帝却病死在军队开拔之前。失去了宇文邕，御驾亲征的计划泡汤，整个北周皇室也失去了最后一抹历史的亮点。

宇文邕的皇太子（也就是杨坚的女婿）宇文赟即位，史称“北周宣帝”。

杨坚代周

宇文邕的去世很意外，二十岁的宇文赟没有想到幸福会来得如此突然。显然，他也没有做好从事皇帝这份职业的充分准备。实际上，即便是宇文邕本人在生前，也是无限不看好这个皇太子。宇文邕这个人一辈子不糊涂，他对自己的几个孩子到底怎么样，心里门儿清。只是宇文邕的七个儿子中间，其余的都还嘴上没毛，只有长子宇文赟和次子宇文赞还勉强算成年。老大宇文赟不成器，老二宇文赞也不咋地，那没有办法的办法，也只有暂时选宇文赟做太子。等以后其余的儿子慢慢成年，到时候再换也不迟，只是宇文邕也没有想到自己居然会这么快英年早逝。

宇文邕是少有的明君，但是他有自己的心结。

宇文邕少年时，在宇文护的阴影之下活了十几年。从十七岁到二十九岁，一生中最为宝贵的青春年华，都活得像个提线木偶，个中滋味只有他自己心里最清楚，因此他的江山能否顺利地代代相传，要远远高于他的江山是否能传给一个貌似完美的接班人。在北周当时的政治环境之下，贸然废长立幼，那不仅仅是不合礼法的问题，还很有可能引起朝堂之上的争论而不能服众。自己百年之后，皇室兄弟子侄中间难保不会出现第二个宇文护，而自己年幼的儿子难免沦为任人宰割的羔羊。

但问题是，宇文赟他是真不行。

宇文赟的混账程度，不仅是宇文邕看出来了，宇文邕身边的人也都心中有数。

比如大将王轨。

和杨坚一样，王轨也有个鲜卑名字，叫乌丸轨。王轨的先祖，就是东汉末年设计诛杀董卓的王允，到了王轨这一辈，王轨也不含糊。王轨文武全才，精明强干，最重要的是他有一颗为江山社稷的忠心。王轨就曾经直白地对宇文邕说："皇太子仁孝无闻，恐不了陛下家事"（《资治通鉴·陈纪六》）。不料，这样的敢言直谏，却无法改变皇帝的想法。胡搅蛮缠几次三番，依然不起作用的情况下，王轨也开始耍起了二杆子，他索性把话全都挑明了说——皇太子根本就不配做一国之主，我看普六茹坚（杨坚）这个一脸反相的人还差不多。❶

可是，这样的直言不讳，依然解不开皇帝的心魔。宇文邕一脸的不爽，也开始说气话了——如果天命如此，那就爱咋咋地吧！❷不仅坚决不废宇文赟，而且连普六茹坚一脸反相的事，皇帝也不管了。

反正，行也是宇文赟，不行也是宇文赟，这事没得选。

❶"皇太子非社稷主，普六茹坚貌有反相。"《隋书·帝纪·卷一》

❷"必天命有在，将若之何？"《隋书·帝纪·卷一》

结果宇文邕一朝归天，宇文赟荣登大宝。他身体力行地验证了王轨的先见之明，并且宇文赟上台之后没几天，王轨也被借故杀掉了。

作为凡夫俗子，我们往往只关注到皇帝的前呼后拥，一言九鼎，羡慕皇帝的三宫六院七十二妃。但是，这是典型的只看到贼吃肉，没看到贼挨打。不说日理万机、殚精竭虑地工作。单说早朝，皇帝需要每天凌晨五点主持百官朝会这一件事，恐怕也不是每个人都能够承受的工作量。

很遗憾，如上做皇帝的内涵和外延，宇文赟压根就没有领会到。

于是，老皇帝尸骨未寒，宇文赟就惦记上了老皇帝曾经拥有的后宫佳丽三千。甚至，在老皇帝宇文邕的葬礼上，宇文赟居然毫无悲伤之情，而且还不无遗憾和气愤地说，“还是死得太晚了”。这意思，盼星星盼月亮，终于盼到爹死娘嫁人。嫁人不如嫁我，索性照单全收。❶

宇文赟即位后，他除了感受到作为皇帝在后宫颠鸾倒凤的快乐之外，也深深地感受了皇帝日常工作的乏味。为此，新皇帝想到了一个两全其美的办法。

公元579年，宇文赟即位八个月后，他下诏传帝位给自己年仅六岁的儿子宇文阐，史称“北周静帝”。而血气方刚的宇文赟本人，则升级为太上皇，集中精力开发自己后宫的三千粉黛了。

❶“宣帝始立，即逞奢欲。大行在殡，曾无戚容，扪其杖痕，大骂曰：‘死晚矣！’阅视高祖宫人，逼为淫欲。”《资治通鉴·陈纪七》

儿子你听好了，皇帝的事你干，皇帝的福我享。

宇文赟不禁暗暗佩服自己的机智。

这一切，杨坚都看在眼里。

杨坚想到了宇文赟在政治手段上一定不如宇文邕，但是却没有想到宇文赟对杨坚的不友好是同宇文邕一脉相承的。而且，他更心狠手辣，胃口更大，动辄就对杨丽华说要她去死，甚至要灭杨坚的九族。

杨丽华怎么说也算是贵为皇后了，不能说死就死。但杨丽华的这个皇后却并不值钱，因为在宇文赟一朝的皇后数目，一共有五个，杨丽华只是其中之一。当时的杨丽华，被尊为天元大皇后，其他的几位分别是朱满月的天大皇后，元乐尚的天右大皇后，陈月仪的天左大皇后，以及尉迟炽繁的天中大皇后。五后并立——宇文赟满脑子的好创意，都花在了女人身上。

所以，皇帝让杨丽华去死，不需要有太多思想负担，死一个就死一个，剩下活着的还能凑一桌麻将。

此时的杨坚，在经历了第一次政治风波之后，已经积累了相当的经验和胆识。与此同时，这些年的从政生涯，也让他博取了很高的政治名声和威望。更加重要的是，杨坚有一个千金不换的好同学——郑译。❶

郑译和杨坚两个人，曾经在读京师太学的

❶郑译（540 年—591 年），字正义，是中国北朝、隋朝官员。荥阳郡开封县（今河南省开封市）人，太常郑琼之孙，司空郑道邕之子。出自荥阳郑氏洞林房。
北周时担任内史下大夫，大象二年（580 年），周宣帝宇文赟死后，和刘昉矫诏使杨坚辅政。郑译历任柱国、丞相府长史。杨坚建立隋朝，他担任隆州刺史、岐州刺史。参议定乐，为《乐府声调》。开皇十一年（591 年），因病死于岐州刺史任上。

时候有过同窗之谊。这些年来，在跌宕起伏、险象环生的北周政坛，两人一起同过窗、扛过枪，还偶尔一起分过赃，所以郑译和杨坚过从甚密。郑译是当时并不多见的通晓音律的人，曾经写过一本名叫《乐府声调》的书。更关键的是，郑译是宇文赟身边的宠臣，是一个能够呼风唤雨的人物。郑译能够得宠的原因很简单，从宇文赟做太子的时候开始，郑译就能够变着花样带着宇文赟玩，莺歌燕舞，斗鸡走狗，不一而足。自从郑译得宠以来，杨坚的每一次升迁，或者调动，背后几乎都可以看到郑译的影子。

这一切，让杨坚在面对新皇帝宇文赟发动的第二次政治风波中，岿然不动。不过，宇文家父子一辈一辈地这么折腾，也让杨坚充分地认识到，暂时离开政治风暴的中心，才是保全自己的长久之计。这个时候的杨坚，已经清醒地意识到，以他的政治威望和他不俗的长相，已经让两代君主动了杀心。那么，换一个皇帝，其实也是一样的。杨坚隐约有一种想法，要想让自己的政治生涯无限延长，只有自己掌握自己的命运，而没有其他路可以走。

不久之后，在郑译的斡旋之下，杨坚调任扬州总管。

不过说来也巧，就在杨坚即将赴任之前，他的脚病发作，无法成行，而更巧的是，就在这个时候，皇帝宾天了。❶

公元 580 年 5 月，沉溺于酒色的北周太上

❶宾天：委婉语，特指帝王之死。

皇宇文赟驾崩，结束了自己稀里糊涂、乱七八糟的短暂一生，留下了只有七岁的儿子，北周静帝宇文阐。当时在朝的杨坚的亲朋故旧马上行动起来——权臣郑译和刘昉，假传圣旨，宣杨坚以外戚身份，入宫辅政。

本来两年前宇文邕的死就已经够突然的了，今天宇文赟的死又是令人错愕。宇文邕一朝，杨坚还在担心自己的脑袋什么时候搬家，还在战战兢兢地祈祷皇帝不会对女儿杨丽华甚至自己的九族下手，而今天，朝政大权居然就要落在自己的头上了。这个辅政大臣之位来得太过容易，天上意外掉下来的馅饼如此之大，大到让人无法相信。所以即便是到了这步田地，杨坚也并没有做好接受这一切的完全准备。面对老同学郑译与刘昉的一番美意，杨坚居然“固辞，不敢当”。刘昉一半玩笑一半责备地说：让你当你就当，你不当我当了啊。❶

按照史书所记载的这段场景，我们无论怎么看，这辅政大臣之位的任命现场，都像个草台班子。而刘昉与杨坚的这番本来应该十分严肃的权力交接，却怎么看都像是两个戏谑的小朋友，分别把自己兜里的玩具与巧克力，拿出来进行交换的私相与授。

然而面对着年幼的宇文阐，杨坚很快领悟了大权在手的快乐真谛，他本人的政治野心也在一天又一天地膨胀。形势比人强，无论是谁，一旦掌握了帝国至高无上的权力之后，就等于是

❶“公若为，速为之；不为，昉自为也。”《资治通鉴·陈纪八》

走上了一条不归路。

要么忍，要么残忍。要想活下去，只有选择后者。

在朝，郑译和刘昉，都是和杨坚穿一条裤子的人。抛去郑译和杨坚的同学关系不说，单说政治站队，郑译和刘昉的选择其实并不难理解，眼看着北周皇室已经江河日下，早点为自己找后路也是符合常理的一件事。更何况在宇文赟时代，皇帝不仅荒淫无度，而且还杀人无数，这个皇帝几乎已经败光了北周皇室自宇文泰创业以来积攒的所有人品。

有郑译和刘昉在，掰着指头算下来，内廷并没有太多可以抗衡杨坚的政治势力。杨坚所忌惮的，无非是在野的地方实力派。

接下来的两件事，是压垮北周的最后两根稻草。

第一件事情，是五王进京事件。

杨坚派人假传圣旨，宣北周宗室五王赵王宇文招、陈王宇文纯、越王宇文盛、代王宇文达、滕王宇文逌（yōu）到长安。五王虽然没有赶上老皇帝的葬礼，但还是尽数回到了都城。这次行动相当于一次定向爆破，几乎将宇文氏皇族具备勤王能力的地方诸王，一网打尽。

五王也并没有束手就擒，比如五王中年纪较大且威望较高的宇文招。

几乎处于被软禁状态的宇文招组织了一场

宴会，宴请杨坚。杨坚显然有些托大，他并没有对宴会的真实目的太过怀疑。不过这场山寨版鸿门宴搞得虎头蛇尾，席间宇文招居然没有胆量下手，最后错失良机，目送杨坚离开。

脱离险境的杨坚，很快动用军队，把五王尽数族诛。

第二件事情，是尉迟迥事件。

已经六十多岁的老将尉迟迥，是宇文泰的亲外甥，年轻时曾在帝国军界风光无限。20多年前，乘南梁侯景作乱，尉迟迥作为带兵统帅，带着西魏精锐帮助宇文泰拿下了四川这块膏腴之地。借助如此丰功伟绩，以及与宇文泰家的亲缘关系，尉迟迥在宇文赟时代出任了相州总管❶一职。当时的相州，其实就是我们常说的邺城。邺城作为东魏和北齐的都城，半个世纪以来对抗了西魏和北周两个时代，不屈不挠地同帝国的政治中心长安叫板。北齐被灭掉之后，邺城被改为相州，由尉迟迥出任总管。应该说，不管是谁，如果以相州为中心割据，都是分分钟自立于长安之外的节奏。

因此，杨坚上位并总揽朝政，对尉迟迥以及尉迟迥所镇守的相州非常不放心。

套路也差不多——矫诏，要求尉迟迥回长安参加先帝葬礼。

长期战斗在革命一线的老兵油子尉迟迥，不可能像之前的五王一样坐以待毙。于是他联络了各路军头，联名讨伐杨坚，一时之间在潼关

❶相州，古代州名。北魏置，北魏天兴四年（401年）以邺行台所辖六郡（魏郡、阳平、广平、汲郡、顿丘、清河）改设为相州，位于河南北部安阳市一带和河北省临漳县。

以东，啸聚了数十万人马。尉迟迥登上相州城头，发出了掷地有声的战斗檄文，城下军民欢声雷动。

特别值得一提的是，尉迟迥起兵的消息，最早告诉了并州（太原）总管李穆（自称李陵后人），结果李穆扣留了尉迟迥的使者，将尉迟迥的计划合盘报告给了杨坚。

提前得到消息的杨坚，任命老将韦孝宽为元帅，讨伐叛军。

韦孝宽是尉迟迥的天降克星。

尉迟迥是花甲老将，而韦孝宽已经过了古稀之年；当年，尉迟迥乘乱拿下了梁朝的巴蜀地区，而韦孝宽和杨坚的老爹杨忠，一起拿下了梁朝的荆襄地区；再之后，韦孝宽长期参与同北齐的战争，熟悉关中到河东一直到河北的战争形态。当年宇文邕在世，皇帝也正是依照韦孝宽的建议，灭掉北齐，一统北方。

如今韦孝宽重整旗鼓，同尉迟迥在邺城展开决战。

过程并没有想象中的那样复杂。尉迟迥的起事，从李穆泄密的那一刻开始，压根就已经没有胜算。

战役结束，尉迟迥兵败自杀。

当年十月，韦孝宽凯旋；

一个月后，韦孝宽离世。

之后的尾声颇为出人意料，也颇为令人震撼。

杨坚派人一把火毁掉了相州，并且把城内的居民，外迁到了相距不远的安阳，相州这个被尉迟迥经营三年的地方，带着他的很多个人烙印，也带着太多前朝东魏和北齐的反抗基因，甚至于带着自几百年前曹魏治邺以来，绵延六朝的帝王之相。杨坚的这把火，既在意料之外，也在情理之中。

很多年后，邺城的名字又重新出现，相州的名字也在后世依然响亮。只是邺城已经不是当年的邺城，相州也再也回不到过去了。

公主千金

朝内朝外所有反对势力，业已荡平，杨坚称帝只剩下了程序问题。

公元581年，杨坚“受禅”登基，改国号为隋。

五王进京，一网打尽；击退尉迟迥，火烧邺城。

擦干血迹，拔剑四顾，事情还远远没有结束。

赵王宇文招死了，宇文招的女儿不干了。宇文招的女儿叫做千金公主，千金公主是柔弱女子，但千金驸马的来头很大——这个人叫做沙钵略可汗。

沙钵略可汗，突厥人，突厥汗国的第六位可汗。

突厥，六世纪中叶崛起于中国漠北，是古代中国北方在匈奴、鲜卑、柔然之后的又一个草原部落联盟的统称，主体民族号称突厥人。“突厥”这个词，来源于突厥人经常活动的阿尔泰山，阿尔泰山的形状形似古代战士的头盔——“兜鍪（móu）”❶，这个词在突厥语里的发音就是突厥。突厥原本是柔然人的附庸，被柔然人称为“炼铁奴”。

公元552年，突厥首领阿史那土门打败柔然，建立了突厥汗国，自称伊利可汗。建国之后，突厥势力发展很快，迅速取代柔然占领了

❶兜鍪，古代战士戴的头盔。秦汉以前称胄，后叫兜鍪。

整个蒙古高原。

北朝早就有和亲的传统，鲜卑人更是。

早期北魏的兰陵公主就曾经和亲柔然，后来突厥崛起，西魏的长乐公主和亲突厥。突厥传到了第六代可汗，沙钵略可汗这里。千金公主代表北周，和亲突厥。

沙钵略可汗以为岳父宇文招报仇的名义起兵，其实并不全是为了千金公主，也是为了他自己。因为受汉文化教育多年，隋文帝杨坚自从登基称帝以来，对突厥不纳贡，也不和亲。这个举动惹恼了突厥人，所以沙钵略可汗早就怀恨在心。五王进京，宇文招被杀，这只是突厥起兵的一个借口而已，而且这个借口听起来非常正气凛然。

沙钵略可汗起兵，但杨坚并没有惊慌失措，因为杨坚手下拥有长孙晟。

长孙晟这个名字我们很陌生，不过长孙晟的第四个儿子叫长孙无忌，还有个女儿，后来成了唐太宗的长孙皇后，长孙皇后后来还生了唐高宗李治。长孙晟，也就是后来唐太宗的老岳父，当然也是唐高宗的外祖父。

长孙皇后和长孙无忌确实名气大，但长孙晟一点也不含糊，只不过长孙晟是低调的奢华而已。从世界历史宏观视角来讲，长孙晟的巨大影响，甚至还要远大于他的两个儿女。

长孙晟这个人从小博览群书，而且擅长

骑射，拥有非常高的武艺和个人魅力。当时千金公主和亲突厥，派出去护送的使者就是长孙晟，后来长孙晟获得沙钵略可汗的充分信任，在突厥待了一年之久。在此期间，长孙晟对突厥的风土人情，山川地理，部落构成，乃至内部矛盾都做了深入调查。等到长孙晟归国，杨坚对长孙晟拿到的情报十分关注，提拔长孙晟为奉车都尉❶。

长孙晟知道，刚刚登上皇位的杨坚，暂时立足未稳，所以仓促之间面对突厥的大兵压境，当然可怕。但可怕的是突厥汗国，而不是沙钵略可汗。对当时的突厥汗国而言，沙钵略可汗只是一个弱势的首领，真正的权力实际被瓜分了。突厥汗国可汗这个位子到了沙钵略可汗这一代，部落被一分为四，有四个人同时自称可汗，分别是沙钵略可汗、达头可汗、阿波可汗、突利可汗。这四个人其实就是叔侄兄弟关系，只不过各自谁也不服谁。这四个人号称“四面可汗”，于是突厥内部开始分裂了，只是在形式上还保持着突厥汗国的招牌。

这一次，长孙晟觉得，让突厥汗国这块金字招牌彻底倒掉的机会来了。

长孙晟仔细分析了突厥目前的情况，为杨坚提出了八字对敌方针——远交近攻、离强合弱。而在随后的很多年中，这八个字一直是中原王朝对付突厥的基本国策，一直到突厥这个强大的国家彻底消失在古代中国北方。根据这

❶奉车都尉：皇帝的贴身武官。

个八字方针，在杨坚和长孙晟开始进行一系列谋划和离间，叔叔达头可汗渐渐地和堂侄沙钵略可汗之间有了微妙的猜疑。

开皇二年，也就是公元582年，沙钵略可汗和达头可汗联手侵犯隋帝国边境，不过当战争进行到一半的时候，沙钵略可汗希望能够扩大战果，而达头可汗则认为需要见好就收。叔侄二人发生了非常激烈的争执，最终导致达头可汗带自己的人马撤回到了草原。

开皇三年，沙钵略可汗再次南侵，隋文帝杨坚派大军兵分八路进行坚决反击。阿波可汗在长孙晟的劝说之下，按兵不动，最终导致沙钵略可汗和阿波可汗兵戎相见，沙钵略可汗甚至杀掉了阿波可汗的老妈。最终没有办法的情况下，阿波可汗西逃，投奔了达头可汗。

在长孙晟这个超级大厨的搅和之下，突厥汗国这杆大旗终于撑不下去了。

同年，突厥彻底分裂成西突厥和东突厥。

当然，我们认为，外交手段必须配合军事手段的使用，只有在隋帝国的军事重压之下，突厥才会如此轻易地被肢解。而如果只是单纯地打外交牌，军事上节节败退的话，也很难有什么像样的突破。所以，归根结底，拳头大才是硬道理。外交不会雪中送炭，只有和军事相配合，才能锦上添花。而长孙晟所做到的事情，无非是在隋文帝杨坚军事胜利的基础上，把外交的成果发展到了极致。

突厥分裂之后，沙钵略可汗彻底怂了，派人主动到帝国朝廷找皇帝讲和。与此同时，千金公主上书，要求改自己的宇文氏为杨氏，认杨坚做干爹。隋文帝杨坚则顺水推舟，赐姓杨，认下来了这个女儿。与此同时，特改千金公主为大义公主，将其编入隋朝宗室名录。

所以，这样反倒把复杂问题简单化了。你们突厥人就不要嫌我杨坚不和亲了，现在你老婆一改姓，那不就是我老杨家皇室的闺女跟你过日子了？

就这样，沙钵略可汗终于被打发了。不提和亲的事了，因为已经和了，还和个什么劲？更加不提让隋朝纳贡的事情了，反而是自己年年给自己的干老丈人隋文帝杨坚进贡。

杨坚自然也没有亏待这位干女婿，此后一直坚决支持沙钵略可汗跟其他突厥部落搞内讧。拉一派打一派的玩法，让突厥人越打人越少，突厥部落越打越弱。

简单说一说颇为出人意料的尾声。

几年以后，沙钵略可汗病死，千金公主又下嫁了沙钵略可汗的儿子都蓝可汗。

有一次，干爹杨坚赏赐了大量中原的奇珍异宝给千金公主。

千金公主看到大量来自中原故土的器物，睹物思人，当即赋诗一首：

盛衰等朝露，世道若浮萍。

荣华实难守，池台终自平。
富贵今何在？空事写丹青。
杯酒恒无乐，弦歌讵有声。
余本皇家子，漂流入虏廷。
一朝睹成败，怀抱忽纵横。
古来共如此，非我独申名。
惟有《明君曲》，偏伤远嫁情。

这其中的“余本皇家子，漂流入虏廷”有歧义，可以解释成突厥，也可以解释成宇文家的闺女成了老杨家的闺女，那么虏廷就是隋朝廷。这件事情，让杨坚非常不爽。要知道当年曾经做过普六茹坚的杨坚，非常忌讳的就是别人称呼他“蛮夷”。杨坚传令给突厥人，要千金公主死。

最后，千金公主死在了曾经的儿子、如今的新老公都蓝可汗剑下。

世事难料，不胜唏嘘。

世家决战

搞定了突厥，再也不用芒刺在背，杨坚终于有机会转身向南，准备吞并南陈，一统天下。

天无二日，尤其在传统思想浓厚的杨坚眼中。所以这一次的战争，在所难免。做皇帝之前的杨坚可以受委屈，可以被伤害，但一旦他坐在了皇帝的宝座上，就绝对不会凑合过日子。这一次战争，必将是北方新崛起的关陇六镇士族集团，对南方传统士族集团的一次总决战。这次决战，关系到双方的生死存亡，胜者将彪炳史册，败者将身死国灭。

在隋文帝杨坚之前，北方对南方的统一战争，是有参考模板的，当年的西晋统一东吴之战，跟目前的情形何其相似。只不过，今天的南陈对比当年的东吴，是半斤八两；而对比当年的晋武帝司马炎，杨坚不知又要高出几个段位。

当时南陈的一把手，是陈叔宝。

陈叔宝就是陈后主，陈宣帝陈顼（xū）的长子。陈叔宝登基的时间，就在杨坚称帝的第二年。而且和杨坚一样，陈叔宝的皇位来得也并不容易，登基之前也经历了一场政变。只不过，发生在陈朝的这场政变，烈度微乎其微。

陈叔宝四岁的时候，陈家的开国皇帝陈霸先称帝，因此陈叔宝是不折不扣深宫长大的皇帝。正是这个原因，让陈叔宝几乎不知道民间疾苦、世事多艰。当时老爹病危，几位年纪比较大的皇子，太子陈叔宝和老二始兴王陈叔陵、老四长沙王陈叔坚三兄弟一起在皇帝身边侍候。皇帝驾崩，陈叔陵准备阴谋杀掉陈叔宝。可笑的是，这个陈叔陵的政变居然是临时起意，所有政变参与人只有他自己。而且仓促之间，陈叔陵的杀人凶器居然是一把锉药刀，一个摆设。于是兄弟们就在老皇帝的灵柩前动起手来，即便是把锉药刀，陈叔陵一刀下去，也把陈叔宝的脖子锉出了血。太后过来劝架，陈叔陵顺势又锉了太后一刀。只不过，这个陈叔陵拿着一把锉药刀，锉来锉去锉不死人，大家悬着的心也就放了下来。

这个时候陈家老四陈叔坚才壮着胆子参与进来，于是陈老四按住了陈老二，夺下了锉药刀，救下了陈老大。趁现场混乱之际，陈老二跑出皇宫，召集人马准备大干一场。

可惜，无人响应。

陈叔陵搞不到人马，陈叔宝那边也乱成了一锅粥，两个人分别给了对方充足的时间，为政变升级做准备。最终，陈叔陵只找到了一个帮手，堂弟陈伯固。陈伯固和陈叔陵是好兄弟、好朋友、好驴友，每次出门陈伯固都是四处打猎，而陈叔陵则是挖坟盗墓。这两人，等于是郊外野游的绝配。

有了陈伯固的帮助，陈叔陵终于搞到了一千人马。

陈叔宝这边，派谁谁也不去，你们兄弟之间的事，有心也不敢管。搞不好就要掉脑袋，于是所有人索性集体骑墙观望。

只有一个直肠子自告奋勇——萧摩诃。

萧摩诃是陈朝的一员猛将，在战场上的单挑能力极强，曾经有人夸他赛过当年的关羽和张飞❶。当然，年轻时候的萧摩诃，也曾经致敬关张，在两军阵前温酒斩过对方大将。凭借一身沙场斗将的本事，萧摩诃在战场上斩将夺旗，屡立奇功。萧摩诃成名较早，早年曾经追随陈朝开国的陈霸先闹过革命。到了陈叔宝时代，时年已经五十岁的萧摩诃已经算是五朝元老了。

萧摩诃自告奋勇，去擒拿陈叔陵。

这场所谓政变，在烈度上终于由兄弟斗殴上升为京城械斗。

杀鸡用牛刀，三下五除二，萧摩诃解决战斗。

有了萧摩诃的忠心护主，陈叔宝才在随后正式登基。

被陈老二的锉药刀锉了脖子，也算是受了工伤，于是陈叔宝找到了翘班的好借口，把朝政悉数交给了太后以及老四陈叔坚，自己则躲起来，专心开发后宫去了。

陈叔宝对后宫的开发跟其他皇帝不同，因

❶曾经有人夸他赛过当年的关羽和张飞：及将战，明彻谓摩诃曰："若殪此胡，则彼军夺气，君有关、张之名，可斩颜良矣。"《陈书·萧摩诃传》

为陈叔宝自认为是一个有知识有文化有品位的皇帝。就算是男女之间那档子事，也必须有格调。在陈叔宝看来，这事必须要提升到文化高度来执行，即便贵为九五之尊的皇帝，也不能唐突佳人。陈叔宝要用自己的万丈才情，来征服女人的心。

于是，陈叔宝在自己的后宫大兴土木，建起了临春阁、结绮阁、望仙阁三座楼阁，用来跟自己的后宫佳丽们厮守。陈叔宝自己在临春阁，而张贵妃就在结绮阁，龚贵嫔和孔贵嫔在望仙阁，而其他的美人则就轮流来这些春闺暖阁陪陈叔宝玩耍。

有了玩乐的场所，还需要有朋友。陈叔宝有十几个朋友常来常往这三个阁楼，这些人有个统一的名字——狎客。也就是陪伴权贵游乐的人，能够专门陪权贵玩的人，想必也一定都有两下子。陈叔宝的这帮狎客朋友确实也都很有才，说到底也都是文人，只不过是专门写女人题材作品的文人。比如，有个叫做江总的（真实姓名，姓江名总）。陈后主负责在三大阁楼大开宴席，跟自己的佳丽们左拥右抱，而江总和一帮子狎客们，就陪陈叔宝饮酒作乐，夜夜笙歌，借着酒兴歌兴来写淫诗艳词。

陈叔宝本人的才情也不错，只不过也是有点靡靡之音。比如那首有名的《玉树后庭花》：

丽宇芳林对高阁，新装艳质本倾城。

映户凝娇乍不进，出帷含态笑相迎。

妖姬脸似花含露，玉树流光照后庭。

花开花落不长久，落红满地归寂中。

除了把一把子力气都用在后宫，前朝的事陈叔宝也不是完全不管。

比如，陈叔宝就曾经造个了“七级浮图”❶。没错，他真的造了个七级浮图。按照佛家的教义，修起来一座奢华的七层宝塔，也就是佛教传说中的七级浮图。只要是陈叔宝认真做的事情，他也是真的兢兢业业，一丝不苟。

南方士族们在声色犬马，北方士族们却在厉兵秣马。

隋文帝一定是好好研究了西晋灭东吴的经典战例，晋武帝司马炎为了彻底灭掉东吴，厉兵秣马了十五年，为的就是要玩就玩真的，要下就下死手。于是，当年的晋武帝兵分六路，起兵二十万。

杨坚感受到了几百年前的司马炎的那种浓浓的杀气，于是杨坚效仿当年西晋的经典战法——兵分八路，起兵五十一万八千。之所以精确到千位，是在告诉陈后主，我这不是号称，不是虚指，而是实打实地玩。你要是能明白，就抓紧投降，投降就算你输一半。

杨坚特别喜欢兵分八路，上次打突厥是兵分八路北上，这次则是兵分八路南下。杨坚每一次的八路大军，都是有严格分工的。

❶七级浮图：亦作“七级浮屠”。七层佛塔。浮图，梵文Buddhastūpa的音译。据《资治通鉴·陈长城公祯明元年》载：“（帝）建康造大皇寺，起七级浮图；未毕，火从中起而焚之。”

长江中上游的三路，由杨素（弘农杨氏）以及杨坚的第三个儿子，秦王杨俊分别做行军元帅；而长江下游的五路，则统一由杨坚的第二个儿子，晋王杨广做行军元帅，由鲜卑人高颎（jiǒng）做元帅长史（参谋长）。

这八路中间，真正主打的是杨广这边的五路，而出四川的杨素，以及出湖北的杨俊，则都是起牵制作用，让上游和中游的陈朝军队不能首尾相顾。

这里我们需要理解一点，一般在长江上打渡江战役，战略目标多半是要打南京，但是真正操作起来，却要在上游和下游一起动手。因为长江的流向是自西向东的，所以，如果上游和中游有战事，下游逆流去增援很难。但是如果下游有事，上游中游顺流而下勤王则很容易。所以，只要是选择了主打南京，那么就必然会在上游中游进行牵制和堵截，从而保证主战场的战略成功。几百年前的晋武帝司马炎是这样安排的，而今天的隋文帝杨坚也是如此。

杨广和高颎这五路，围绕战略目标南京（建康）展开，也有分工。

杨广、韩擒虎、贺若弼这三路主打南京，而另外两路负责协同和策应。当然，皇子最好不要亲冒矢石，韩擒虎和贺若弼就成了主要人物。

下面对这二位的名字，简单做一下注解。

韩擒虎的原名不叫韩擒虎，叫韩擒豹，随着年龄的增大，擒豹才成了擒虎；贺若弼也不姓贺，而是姓贺若。韩擒虎，贺若弼，都是当时隋帝国数一数二的猛将。这一次给他们二位的任务也是核心中的核心、重点中的重点。

这两员虎将，就像两把钳子，将南京城（建康）死死钳在中间。

南京这地方，自古以来东南形胜，并不是那么容易被钳死的。我们后文会用很大的篇幅，详细分析南京乃至整个江南地区的地理地貌，这里简单介绍。

长江走到南京这个地方，拐了一个非常大的弯。南京的上游，长江大体上是由南向北流，而到了南京突然转向，变成了由西向东流。这个弯拐得又大又急，因此还冲击出了一个沙洲，叫做“八卦洲”。所以历代的南方割据政权，选择在南京定都不是没有道理的。因为南京的位置，顺长江的流向，大概处于长江对北方江淮地区的突出部。向西可以防卫淮西，向北则可以防卫淮东。这个位置就太关键了。

那么这个逻辑反过来也成立，如果想要拿下南京，必须从西边和北边两个方向上进行挤压。西边方向上，南京的命门是采石，也就是今天的马鞍山附近；北边方向上，南京的命门就是南徐州❶的治所京口，也就是今天的江苏镇江。

韩擒虎和贺若弼两员虎将，分别出击的方向，正是采石和京口。

隋文帝开皇八年，公元588年冬天，五十多万隋军陈兵长江，大战一触即发。

❶南徐州：即江苏镇江，南朝宋文帝元嘉八年（公元431年），改长江以北为南兖州，长江以南为南徐州，治所在京口（今镇江）。

其实早在建康的最终决战爆发之前，南陈这边就已经得到了可靠消息——这次就是实锤：隋军主动向我阵地挑起战争，杨素、杨俊他们已经在上游动手了。消息传到建康，然而南陈这边，负责情报工作的施文庆、沈客卿两个人，则把这个消息死死地压下了。这两个人的理由是，当时正是春节放假期间，国家公务人员都在休公休假期，没人值班，就算有人值班也没人处理这类公务。因为，说了算的都在休春节长假。而且不仅如此，施文庆还自作主张，拒绝加强采石和京口方向的兵力，理由还是春节放假。

不仅是施文庆要庆祝春节假期，陈叔宝也是一样，陈叔宝不仅要庆祝春节，还要把两个儿子召回京城建康一起庆祝丰收团圆，国泰民安。结果这两个儿子，永嘉王陈彦和南海王陈虔，分别率领自己的战船，从江州（江西九江）、南徐州（江苏镇江）两个重要的战区回京。这一走，国也不泰，民也不安了。

渡江战役，恰恰就在大年初一的当天打响了。

几乎是摧枯拉朽。

正月初一战役打响，到了正月初七，春节长假结束的时候，隋军大将贺若弼的先头部队，就已经先期到达建康周边的钟山❶。而另外一路的韩擒虎，则已经到达新林❷，还有一位叫做宇文述（记住这个人的名字，这个人的事迹

❶钟山：南京紫金山。

❷新林：南京的西南方向。

不少，后文还有出现）的大将率领偏师，也先期到达了石头城❶。

几路大军，即将完成对南京的合围。

千钧一发之际，站出来请战的，依然是那个七年前曾经救过驾的萧摩诃。

城中尚有十万陈朝大军，萧摩诃希望趁隋军的包围圈还没有完全成型，远道而来的北方部队也还立足未稳的宝贵时间，率军出城一战。然而，陈叔宝却全盘否定了这个略带冒险性质的军事行动，继续带着十万大军在城内观察动静。不过，陈叔宝的这种耐心，却也只撑到了正月二十。正月二十这一天，陈叔宝决定出城与贺若弼一战。

战机已逝，刻舟求剑，陈朝军队一败涂地。

此时的萧摩诃，却再也没有舍身救驾的欲望了，他的士气已经低到了极点。因为就在春节长假期间，在走亲访友、胡吃海塞的浓浓节日气氛中，百无聊赖的萧摩诃老婆居然和陈叔宝搞在了一起。萧摩诃这位几百年不世出之名将，活生生被自己的老板戴了绿帽子，而且更加可怕的是，萧摩诃并不知道这是不是两人的第一次苟且。

猛将业已军无斗志，南陈帝国大势已去。

韩擒虎带领五百人组成的突击队，率先进入建康城。在一口枯井中发现了落魄的陈叔宝，一起被发现的还有陈叔宝最喜欢的两个美人——张丽华、孔贵人。

❶石头城：南京清凉山。

世家决战，终于以关陇六镇集团的全面胜利而告终。

被擒之后的陈叔宝，得到了隋文帝杨坚的善待。看成败，人生豪迈，大不了从头再来。陈叔宝在大隋建立的新社会重新做了一个守法公民，十五年后的开皇二十四年，才离开人世。陈叔宝死后，被帝国以官方的名义追赠大将军、长城县公，谥号为“炀”❶。

所以，值得一提的是，陈叔宝的“陈后主”称呼，其实是后人给他加上去的，他当年做皇帝时候并没有所谓“国主”这个说法。陈叔宝的官方名字，其实就是陈炀帝。

❶炀：古代谥法，去礼远众称“炀”。

再造华夏

纵观杨坚得位的全过程，其实并不复杂。甚至可以说，这几乎是中国历史上用此类手法的帝王中得手最容易的一位。然而，杨坚称帝，却是中华五千年文明史上一件震古烁今的大事。

从东汉末年天下大乱开始，一直到三国鼎立，五胡乱华，南北朝并立。几百年间，群雄并起，你方唱罢我登场。北方汉族流离失所，大批汉人衣冠南渡❶，汉文明在北方受到了极大的破坏。即便其中有很多尊重文化、推崇人才的皇帝出现，比如前秦苻坚，比如北魏拓跋宏，比如北周宇文邕……这些人以及他们带来的积极变化，每次却都像流星一样转瞬即逝。

南朝固然还顽强地保留了汉民族的文化，但是南朝的皇帝们却鲜有作为。除了短暂地出现刘裕这样的皇帝，桓温这样的权臣，陈庆之这样的现象之外，南朝的宋、齐、梁、陈，对外卑躬屈膝，对内行为艺术。南方士族的迅速堕落，让南朝的魏晋风度充满了夸张的黑色幽默。而同样出身于六镇的侯景，对江南的洗劫更是让南方汉文化受到不可逆的重创。

杨坚建立的隋朝，仿佛是在漫漫长夜中的一盏明灯。即便是一丝光亮，也将打破这无边无际的黑暗。

❶衣冠南渡：亦作“衣冠南度”。语出唐史学家刘知几《史通》“邑里”篇。该文原仅指西晋末天下乱，中原士族相随南逃、中原文明或中原政权南迁。后衣冠南渡逐渐演化为熟典，代指缙绅、士大夫等避乱南方并落地生根的事件。
中国历史上有三次因动乱而发生的大规模人口南迁现象，分别是：西晋末晋元帝渡江，定都建康（今南京）建立东晋；唐“安史之乱”后，中原士庶避乱南徙至金陵（今南京），建立南唐；北宋末，宋高宗渡江，以临安（今杭州）为行都，建立南宋。其中，史学界亦有只认可西晋末与北宋末这两次为“衣冠南渡”（也有历史研究者三者皆称），但在文学应用上，三次都冠以“衣冠南渡”者比比皆是。

杨坚掌握政权之后，有几个重要的举措。这些举措，哪怕今天的我们看来，都有划时代的意义。

1. 从杨坚本人开始，汉人恢复汉姓，叫停了朝野上下的鲜卑化以及胡化的文化倾向。

2. 由于北方常年战乱，大量汉族典籍文献佚失，朝廷下诏求书。根据当时的规定，献书一卷赏绢一匹。

3. 解除了府兵制对于汉族的从军限制，从此无论汉人还是鲜卑人都可以作为府兵兵源。

4. 改变了魏晋南北朝以来的九品中正制，从此三省六部制登上历史舞台，并一直持续到清末。

5. 改革人才选拔制度，建立了科举制度并沿用到清末，从此寒门学子也可以通过考试进入公务员队伍。

6. 废除了严刑峻法，规定死罪需要“三奏而决”。而对于死刑的种类，也废除了残忍的宫刑、车裂、斩首示众等死刑方式。

称帝后的杨坚，用了八年的时间，结束了古代中国自东汉以来长达369年的分裂和战乱局面，完成了国家版图的统一。与此同时，隋文帝在同突厥的历次战争中，威名远播，被心悦诚服的突厥人尊称为“圣人可汗”。

隋文帝，是绝对的伟人，是不可多得的千古一帝。

隋朝是被大众长期低估的一段历史。事实

上，隋的统一，堪称汉文明历史挽狂澜于既倒，扶大厦之将倾的大事件。如果没有隋文帝杨坚的横空出世，如今还有没有汉族这个民族，还有没有中华文明这个共同信仰，恐怕都要打个巨大的问号。太史公司马迁，不仅仅给我们留下了一本巨著《史记》，还用自己的基因流传后世。数百年之后，凭借关陇贵族之“弘农杨氏”的奇迹，完成对整个汉文明的救赎。

伟哉，太史公！

表亲们的纠葛

杨广是正常即位，而不是史书中呈现的那样阴险和狠毒。

中华文化绝不是一个温和而柔弱的文化，它是最文明的但却最为彻底的扩张方式。

李世民采用“SWOT 分析法”，最终一统天下。

杨坚的犹豫

英名盖世的杨坚，是一个怕老婆的人。

杨坚的老婆叫独孤伽罗，鲜卑族，是史上最强老丈人独孤信的嫡女，也是李渊的七姨妈（李渊的母亲是独孤家的老四）。独孤伽罗的母亲，来自北方汉族的名门望族山东清河崔氏（曾经被北魏族诛的崔浩家族）。因此，独孤氏从小就热爱汉族的传统文化，她的性格中，既有游牧民族的好武奔放，又有汉族大家闺秀的知书达理。

公元557年，独孤氏十四岁，嫁给了年方十七岁的杨坚，从此，两个人夫唱妇随，相濡以沫。牵手四十几年，共养育了十个子女。杨坚的五个儿子，太子杨勇、晋王杨广、秦王杨俊、蜀王杨秀、汉王杨谅，都是独孤氏所生。杨坚年轻的时候，曾经向老婆发下誓言，绝对不和别的女人生孩子❶。从结果来看，杨坚对这个誓言，还是始终如一地坚持着。

中国历史上怕老婆的皇帝并不少见，比如朱元璋，就极其忌惮大脚马皇后。然而即便如此，朱元璋在女色上还是能够有很大的自由度，比如朱元璋的儿子就有26个，出自许多不同的嫔妃。想一想，像杨坚或者朱元璋这样敬业的皇帝，每天需要处理政务的繁重可想而

❶“高祖与独孤后甚相爱重，誓无异生之子。”《资治通鉴·隋纪四》

知。枯燥的工作之余，把后宫作为自己娱乐身心、陶冶情操的理想后花园，也是再自然不过的事情。然而，几十年来，杨坚一直挂念着独孤氏，在美色面前也相当克制。

作为一个生理正常的皇帝，杨坚也一定会心猿意马，也一定会羡慕外面的桃红柳绿。比如前文提到的为北周自杀殉国的尉迟迥，就有一个远近闻名的美貌孙女。这个女孩，让杨坚春心大动。于是，杨坚将尉迟女叫到仁寿宫临幸。这个仁寿宫，其实是长安城西北的一个离宫，和隋文帝杨坚的长安城还相距上百公里之遥。即便如此，得到消息的独孤氏，居然还是冲到仁寿宫，将女孩杀死了。史载，“尉迟迥女孙有美色，帝于仁寿宫见而悦之，因得幸。后伺帝听朝，阴杀之。上大怒，单骑从苑中出，入山谷间三十余里。高颎、杨素等追及，帝太息曰：吾贵为天子，不得自由！”（《隋书·文献独孤皇后传》）也就是说，杨坚这次是真怒了，杨坚发怒，居然就跟布衣夫妻一样，摔门出去了，快马加鞭狂奔了三十余里。后面居然还有“和事佬”狂追——近臣高颎和杨素（弘农杨氏）。最后，怒发冲冠的杨坚还给独孤氏留下了一句“狠话”：“我贵为天子，却没有自由！”

杨坚怕老婆，本身是没有任何问题的，因为越是怕老婆的男人，其实越是有涵养和境界的。然而，杨坚的问题在于，耳根太软。比如

隋炀帝杨广像

立储这样的大事，也放手让独孤氏来参与意见。

独孤氏的价值观辨别标准就是，看儿子们是不是有个人作风问题。

五个儿子里面，呼声最高的当然是杨勇，因为他是嫡长子，且为人宽厚，早早地就被立为太子。而晋王杨广，则是另外一个重要备选。

史载，杨广"美姿仪，少敏慧，高祖及后于诸子中特所钟爱"（《隋书·炀帝纪》）。也就是说，杨广，小时候就长得漂亮而且很聪明，是五个儿子中杨坚和独孤氏最喜欢的一个。

公元588年，大隋起兵讨伐南陈，年仅二十岁的杨广还曾任当时的三军统帅，同高颍一起灭掉了陈朝，生擒陈后主。公元590年之后，杨广调任扬州总管多年，其间同杨素一起平叛，立下了赫赫战功。

能文能武，又高又帅，这样的霸道总裁，有谁不爱？

独孤氏心中既然有了对杨广的偏爱，然而却并没有合适的理由去废黜杨勇的太子之位。直到有一天，独孤氏为杨勇挑选了一位太子妃——元氏。

杨勇虽然宽厚仁德，但却是一位性情中人，在女色面前他也不是他父亲超级自律的性格。杨勇有很多宠爱的姬妾，而庶出的儿子，更是一个接着一个出生。尤其是昭训❶云氏，云氏年轻貌美，顾盼生姿，但这只是太子杨勇眼中的云氏。而在杨坚和独孤伽罗这对公婆眼中，云

❶昭训：是太子妾称号的一种。

氏的漂亮可爱一文不值，而且因为杨勇冷落了太子妃元氏，独孤伽罗把她心中所有的恨全部算在了云昭训的头上。独孤氏私下恨恨地说："我为太子介绍了个好老婆，结果连夫妻也做不成。太子专宠云氏，元妃就等于是嫁给了猪狗一样❶。"

这话说得，已经够决绝了。

不过这位美貌的云昭训倒是争气，为杨勇连生三个儿子。其中的长子杨俨，六岁封王，生下来话还没说利索的年龄，杨勇就让他主持太子宫了。杨俨刚刚降生的时候，已经心有不快的杨坚说："这就是我的皇太孙啊，可惜生他的人不对，这事有瑕疵❷。"云昭训的老爹云定兴恰好在场，马上把这个梗接了回去："天生龙种❸，所以因'云'而出"。

杨坚何等人，云定兴这样的肉麻恭维，不知道皇帝作何感想。

云昭训一口气生了仨儿子，而明媒正娶嫁过来的正室，太子妃元氏，一直到她犯了心痛病去世，居然多年没有生育。没有生育倒也不要紧，愤怒的独孤伽罗又把账算在了杨勇和云昭训的头上。

独孤氏偏执地认为，云氏下药害死了元氏。

与此同时，杨广的表演欲望则空前高涨，他严格限制了自己的姬妾数目，并且只同正妻萧氏（兰陵萧氏）生孩子，其他姬妾的胎儿，则残忍地统统打掉；有时候杨坚和独孤伽罗到杨

❶"我为伊索得元家女，望隆基业，竟不闻作夫妻，专宠阿云，使有如许豚犬。"《隋书·列传·卷十》

❷"此即皇太孙，何乃生不得地。"《隋书·列传·卷十》

❸"天生龙种，所以因'云'而出。"《隋书·列传·卷十》

广的府邸做客，杨广就把长得漂亮的丫环全部藏起来，只剩下又老又丑的奴仆在一旁听差。

两相比较之下，按照独孤氏的道德标准和价值观，两个儿子高下立判。

这样的明争暗斗，持续了相当长的时间，然而独孤氏的成见已然形成。

双方的牌局明摆着，图穷匕见，争夺的就是太子之位。

说一千道一万，前戏做得再足，总得摊牌。

恰好有一次，扬州总管杨广入朝向皇帝述职，马上又要离开京城到扬州去了。临行之前，杨广去跟老妈辞别，为了表达自己的不舍之情，趴在地上就哭。这下可是惹得独孤伽罗泪如雨下，随后的一番话，则石破天惊：

“老二，你又要到地方驻守，我岁数大了，这一别恐怕以后见面也难了。你大哥杨勇和云昭训蛇蝎心肠，害死了我派过去的元氏，我就一直担心以后杨勇欺负你。我活着他们就敢搞死元氏，那么哪天我死了，岂不是要把你当成案板上的鱼肉吗？”

最惊心动魄的是最后一句话。

“太子现在也没有太子妃了，等到哪天你爹杨坚没了，云昭训的孩子们就是皇储。而你杨广，还有其他兄弟们，都要去跟云昭训的孩子磕头请安去，一想到这个节骨眼上，我就难受得厉害！❶”

说完，两个人就又一起抱头痛哭。

❶“每思东宫竟无正嫡，至尊千秋万岁之后，遣汝等兄弟向阿云儿前再拜问讯，此是几许大苦痛邪！”《隋书·列传·卷十》

行文到这里，我们往深处思考一下，问题就来了。除了杨勇之外，独孤伽罗的儿子并不是只有杨广一个，外放去做总管的也不是只有杨广一个。其中的老三杨俊曾做秦州总管，老四杨秀曾经做益州总管，而老儿子杨谅更是做了势力极大的并州总管，所辖地区北起燕山，东到大海，黄河以北的五十二州都是杨谅节制。儿子大了必然要替老爹杨坚守土，这是当时承袭自关陇集团的习惯性做法。包括后来的李渊，他手下的李建成、李世民、李元吉，也都是能够带兵打仗替父分忧的主。况且，独孤伽罗并不是每个儿子都这么哭了一场，唯独和杨广表露了这种想法。

那么我们分析，很有可能，独孤伽罗从一开始就站在杨广一边。而至于之前杨广面对父母以及百官所做的那些演技并不成熟的剧目，也极有可能是独孤伽罗一手导演出来的。只不过，老妈是杨广的托儿，而母子二人唱的则是双簧。

所谓的太子之争，其实从一开始，就胜负已分。

公元600年，在枕边风劲吹多年的背景下，杨坚正式废黜太子杨勇。杨广被立为新的东宫太子，而杨勇则被关押在东宫，听候杨广发落。被关起来的杨勇，甚至根本就没有再次见到父母的权力，情绪崩溃到极点，杨勇居然爬上树，朝墙外大喊，请求同父母对话，也要求澄清[1]。然

[1]“升树大叫，声闻于上，冀得引见。”《隋书·列传卷十》

而这是徒劳的，这样的做法，恰好坐实了杨广之前散布的谎言——太子疯了。

两年之后的公元602年，一手导演了杨坚废长立幼大戏的独孤氏，离开人世。年逾六十的杨坚，内心是无比痛苦的。独孤氏是自己携手走过近半个世纪的结发夫妻，妻子的离世，从某种意义上也在暗示着这个传奇帝王的壮年时代彻底落幕，等待这位老者的，将是凄凉而孤独的晚年生活。不过，失去精神支柱的杨坚，同时也得到了梦寐以求的自由。花甲之年的杨坚，开始周旋于自己的两个爱妃，容华夫人蔡氏和宣华夫人陈氏之间。

公元604年，失去独孤氏之后纵情声色的杨坚，终于油尽灯枯。

杨坚之死，史书的记载，还是有很多蹊跷的。

蹊跷之一，杨广并不放心杨坚的病情，写信给杨素打探内廷的消息，杨素写好的回信，阴差阳错又被送到了病榻上的杨坚手里。太子的这种迫不及待，让杨坚大动肝火。

蹊跷之二，同时发生的另外一件事，是宣华夫人称自己差点被杨广非礼，而且是刚刚发生在宫中的事情。按照这个说法，在父亲弥留之际，杨广绝对是在不合时宜地放任自己。

蹊跷之三，隋文帝杨坚急火攻心，用手拍床，大骂杨广是畜生，埋怨是独孤皇后误国。然后下令，废黜杨广，复立杨勇。可惜，隋文帝身边的杨素是杨广的心腹。杨素接旨，但只是安排了杨广的近侍卫张衡来侍奉杨坚。很快，就传出了隋文帝驾崩的消息。

按照常理分析，我觉得第一点是可能的，然而即便第一点是成立的，这种举动可以解读成迫不及待，可以解读成杨广的警惕，当然也可以解读成杨广在关心杨坚的病情；第二点我个人觉得极其不可信，因为如果这件事情成立，说明杨广是个极其没有脑子的人。当一个已经成为皇储的人，终于等到了荣登大位的最后几天时，他难道会鲁莽到主动去犯一个没有必要的欺君之罪？这种分析是不符合常理的；最后一点，我觉得依然是不可信的。最后时刻，即便史书的记载全部是真的，那么杨坚找来的也不该是杨勇，因为同样根据史书记载，早在之前很久，杨坚的心中，已经确信杨勇是精神病了。又怎么可能在那种情况下，找杨勇来替代杨广？至少，他还有其他理性和正常的选择，而且其他的儿子也个个都是独孤氏所生。

据此推理，我觉得杨坚之死应该跟史书有出入，很有可能，杨广是正常即位，而不是史书中呈现的那样阴险和狠毒。

然而，不管真实历史如何，公元604年，有再造华夏之功的隋文帝杨坚驾崩。杨广即位，史称“隋炀帝”。

大隋的丧钟

在历史诡异的迷雾中，杨广登上了帝位。

杨广还是想做一个好皇帝的。

在杨广心目中的好皇帝形象，应该是文治武功，万国来朝，至少看起来应该是这个样子的。然而好皇帝的标准很苛刻，我们后世看到的所谓文治武功只是结果，而不是过程。如果研究过程，那是一件相当复杂的事情，所以我们只谈理论。

从常识上讲，要想做到文治武功，至少首先要勤政爱民，体恤百姓。比如治理水患、抵抗天灾、兴修水利，这几乎是历代好皇帝的必修课；其次是轻徭薄赋、发展经济。要想国库丰盈，就必须让老百姓兜里有钱，必须让商品经济蓬勃发展；物质经济上去了，国家才有了稳定的根本。接下来，自然而然，对于精神层面的需求就顺理成章了，比如澄清吏治，实现社会公平正义，比如参加科举有上升途径，比如文学艺术的百花齐放，比如让老百姓活得更有尊严，与此同时，需要装备强大的军队，捍卫我们得来不易的大隋物质精神文明建设成果。

也就是说，只有做到了过程，才可能会有所谓“文治武功”的结果。

很多人忽略了这个很简单的常识，杨广就

是其中一个。

还有一个原因，杨广的起点太高了。他的父亲杨坚用了二十多年的时间，建立了一个中国古代著名的治世——开皇之治❶。

历史上著名的文治武功的皇帝，基本都站在了前人的肩膀上，比如汉武帝，之前是文景之治；比如后世的明成祖，则有洪武、建文两朝几十年的开拓。即便是站在前人的肩膀上，那皇帝本人也必须有清醒的认识，凡事要量力而行，考虑自己的实际国力以及实际需求。凡是毫无意义的消耗国力，都是对于百姓的漠视，以及对于前人业绩的亵渎。

杨广显然是太着急了。

从604年登基开始，杨广迫不及待，倾尽国力要实现自己的“文治武功”。短短十年内，杨广同时做了几件事情：

1. 公元605年，开凿京杭大运河。工程耗费六年，先后征用民夫500余万。

2. 公元605年，营建东都洛阳。工程持续十个月，征用工匠200万人。

3. 公元605年，南巡江都。巡游队伍20万人，征用纤夫8万人，之后几乎年年巡游，沿途建立豪华行宫。

4. 公元608年，亲征吐谷（yù）浑❷。战争持续一年，隋军击败吐谷浑，新设西海、河源、鄯善、且末四郡。

5. 公元612年，远征高句丽。第一次远征，就

❶开皇之治：是隋朝隋文帝杨坚在北周的基础上，在位二十多年时开创，当时社会民生富庶、人民安居乐业、政治安定。隋文帝杨坚倡导节俭，节省政府内不少开支、废除了不必要的杂税并设置谷仓储存食粮。杨坚成功地统一了历经数百年分裂的中国。

❷吐谷浑：亦称“吐浑”，中国古代西北民族及其所建国名。本为辽东鲜卑慕容部的一支，藏族人民称之为“阿柴”。是西晋至唐朝时期位于祁连山脉和黄河上游谷地的一个古代国家。

动用 113 万军队，之后连续三年出兵，共远征三次。

以上提到的几乎每件事情，都是涉及全国的工程，考验的不仅仅是大隋的国家动员能力、组织能力，也考验了自隋朝建立以来二十多年积攒的国库和国力。

我们用数字来说话。参考隋文帝开皇中期的人口普查结果，当时（约公元 593 年）的全国人口为 870 万户❶，我们推测在公元 605 年，人口不会超过 900 万户。我们按照古代家庭平均每户 6 人的话，当时全国人口在 5000 万左右，那么青壮年劳动力人口不会超过 2500 万。

对比杨广各个工程所涉及的人力，这个数字是触目惊心的。即便如此，我们还没有计算冷兵器时代，有可能翻倍的后勤成本。比如军夫、民夫、纤夫，要养活这些人背后的物力、财力成本是不少的。细思极恐的是，每个表面的数字背后，都隐藏着可能的横征暴敛，以及对民脂民膏的搜刮。

再看一下必要性。

除去南下巡游的便利作用之外，京杭大运河工程是值得肯定的。哪怕一直到现在，这条河流还在便利着南北交通和经济；西征吐谷浑也是有必要的，因为中国历代重视对河西走廊的掌控。河西走廊地区的有效控制，关乎中国同西方之间唯一陆路商道的安全。然而，营建东都，南巡江都，东征高丽，则明显是扯虎皮拉大旗的事情，除了能够增加帝国的脸面之

❶“隋开皇中，户八百七十万，即今户三百八十万。”《资治通鉴 · 唐纪十五》

外，几乎毫无用处。

很多人在替隋炀帝说话，提到东征高句丽还是很有必要的，打服高句丽那叫做维护“亚洲新秩序”。我们有必要简单讨论一下这个问题。

这个问题其实应该从根子上来看，那就是中国人传统的天下观。

在中国古代，几千年来逐渐形成的一种天下观，叫做“朝贡体制”。朝贡体制的含义是，把皇帝治下的天下，按照统治方式的不同分成几个层次。几个层次，像是一个同心圆，所以，我们索性称为同心圆天下观。同心圆中：

最内一层，是都城；

再外一层，是地方；

再外一层，是羁縻❶；

再外一层，是藩属；

最外一层，是普通朝贡国。

也就是说，虽然普天之下，莫非王土，但是根据统治方式的不同是分成不同层次的。比如，当年明代的辽东就是地方，外东北就是羁縻，朝鲜就是藩属。

中国的中原王朝，对外的扩张是一步步进行的。

具体表现，就是跟社会经济发展水平相匹配，农耕文明的步步外延。从首都开始，把周边地区变成直接管辖的地方；再往外，搞不定的地方，先进行军事占领，然后进行屯田，军屯或者民屯；如果这个地方确实已经有大量的

❶羁縻：古代朝廷在边远少数民族地区所置之州。

异族存在，又无法进行大规模肉体消灭，那么就进行“改土归流”[1]，先羁縻，后汉化。

其中这个汉化是最厉害的武器之一。

所谓“汉化”的说法其实并不准确，应该叫做“文明化”。因为在古代世界中，中华文明是长期以来领先世界的文明，至少也是大幅领先中国周边地区的一种文明。中华文化以文学、艺术、科技、服装、建筑为载体，非常深远地影响着几乎所有周边地区。在周边地区的异族眼中，中华文化才是真正的文明，模仿中华文化才是文明的象征。

汉化这个大杀器一亮相，周边异族都自惭形秽，恨不得给自己找一个汉人祖先；中原王就是这样利用农耕文明，以文化的输出为结果，吃一块，羁縻一块，消化一块。当吃掉的国土消化不良的时候，就会有战争。

那么，大隋和大唐有没有这种情况？

有。因为汉人最早离开中原核心区的大扩张，上承自汉武帝，他老人家是鼻祖。不管大隋还是大唐，只要是一提汉武帝的“自古以来”，都能找到理论依据。

汉武帝大幅度拓展了四个边疆：

西北，丝绸之路的河西四郡；

东北，辽东地区的汉四郡[2]；

西南，越南北部的汉三郡[3]；

东南，兼并了东瓯国[4]和闽越国[5]。

其中，利用军屯民屯以及汉人农耕移民，消

❶改土归流：是指改土司制为流官制。又称“土司改流、改土设流、废土改流”，始于明朝中后期，是指将原来西南地区统治少数民族的土司头目废除，改为朝廷中央政府派任流官。

❷汉四郡：汉武帝在公元前109年至公元前108年间剿灭卫满朝鲜后在朝鲜半岛北部和中部设立的乐浪郡、玄菟郡、真番郡、临屯郡四个郡的总称，汉四郡对朝鲜半岛北部有很大的影响力。

❸汉三郡：秦朝灭亡之后，赵佗割据百越三郡，自立为南越王。建制未变化。越南仍属于象郡管辖。汉武帝时期，国力强盛，攻灭了南越国，分象郡为交趾、日南、九真三郡。

❹东瓯国：越王无疆次子蹄所建立的国家，又名“东越国”。东瓯在现在仍是浙江省温州市的古称。

❺闽越国：属古百越部落的一支，位于今福建省(包括广东潮汕、梅州，浙江温州、台州等地区)。该国是战国时期被楚国所灭的越人在逃到该地时，与当地的百越原住民所共同建立的一个国家。

化得最好的区域就是河西四郡。所以，河西四郡，早早地就成了汉人的直接地方管辖区域。

东南方向上，太热，不适合农耕移民。直到两晋时期的永嘉南渡（见“衣冠南渡”），才开始进行彻底消化。

西南方向上，太热，不适合农耕移民。直到冷兵器时代结束，中原王朝都无法消化这块地区。

东北方向上，也就是大隋和大唐征讨的高句丽这块地方，当年汉武帝就曾经设置过汉四郡。但这块地方，太冷，农耕民族一直没法用移民种田的方式彻底占据。所以别说隋唐了，这块区域就算一直到明代，都存在严重消化不良的情况。

朝贡体制的核心思想，就是中原王朝皇帝才是决定这个体制的唯一权威。

羁縻、藩属、普通朝贡国，都必须对中原王朝进行形式上的效忠，并且明确自己所处的地位。是羁縻的不准私自变成藩属，是藩属的也不准随意成为普通朝贡，否则就是僭越。羁縻、藩属、朝贡国的首领和国王，都必须在形式上由中原王朝皇帝进行册封，否则就是非法的。

然而，所有的前提，都必须是中原王朝能够有力控制全局的情况下，比如像明成祖朱棣，藩属国甚至朝贡国有作奸犯科的，千里万里都要抓到北京来治罪。中原皇帝实力不够的情况下，他的天下观可以受到挑战，但是不能影响到中原汉人传统区域的根本利益。

帝国的损失，仅仅只是面子而已。

那么我们再回到我们问题的本身，讨伐高句丽的实质是什么？

中原王朝的天下观受到严重挑战。不管是隋文帝还是隋炀帝，高句丽都是阳奉阴违，严重挑战了朝贡体制下的政治外交程序，这种情况延续到了唐太宗、唐高宗时期。于是，中原皇帝的出兵理由是高句丽“不臣”。

要知道，当时的高句丽占据的是辽东和朝鲜北部，这块地区，在当时的农耕文明程度下，汉人移民没办法填满和消化，所以只能用羁縻或者藩属的方式来进行管制。高句丽占据的地区，恰好是当年汉武帝拓展的汉四郡，而“自古以来”，中原拥有汉四郡的最终解释权。然而，河西四郡是中原王朝的核心利益，因为陆路外交渠道就是河西四郡。相比河西四郡，辽东汉四郡，远远谈不上中原王朝的核心利益，帝国需要的只是面子。

当然，中原王朝的弹性在于——进一步，法理上可以讲汉四郡时期的自古以来；退一步，则可以用朝贡制度进行有效约束；底线是，高句丽自己可以“不臣”，但是不能够带着半岛南端百济、新罗这些小兄弟一起学坏。

隋炀帝时期，这个弹性拿捏得并不好。

在国力有限的情况下，隋炀帝为了保卫河西四郡讨伐吐谷浑，是必要的，因为那是保卫河西走廊的中原王朝的核心利益；而讨伐辽东，则是不必要的。因为除非朝贡体系被严重破坏，东北方向并非中原王朝的核心利益。

虽然，唐太宗时期的国力也是有限的，但是，唐太宗尤其到了唐高宗时期的高句丽，同百济结盟，时刻准备灭掉朝鲜半岛的大唐藩属国新罗。在这种情况下，高句丽已经不仅仅是“不臣”的问题了，这是朝贡体制被破坏，很有可能土崩瓦解。往深处考虑，这已经是企图挑战中原王朝为核心的“同心圆天下观”的问题了，那么讨伐辽东就是必要的。

简单点讲，朝鲜半岛问题，是中原王朝的核心利益，唐太宗、唐高宗时期，这个利益被高句丽严重挑战了。这也根本不是单纯的面子问题了，战争是必须要打的。而在隋炀帝杨广时代，这个仗打得徒耗国力，就没那么必要了。

说到底，隋炀帝杨广想要做到文治武功，毫无疑问是太心急了。

很快，反隋的浪潮就到来了。

破窗效应

公元611年，山东人王薄率先在长白山起义。

王薄甚至还作了一首《无向辽东浪死歌[1]》，用一种人民群众喜闻乐见的方式，来激励更多的人加入反对杨广暴政的队伍。这首歌的原文如下：

长白山前知世郎，纯着红罗绵背裆。
长槊侵天半，轮刀耀日光。
上山吃獐鹿，下山吃牛羊。
忽闻官军至，提刀向前荡。
譬如辽东死，斩头何所伤。

王薄的起义军队伍，虽然只是由一群文化不高的山东基层壮丁组成，但这样一支队伍，居然坚持战斗了八年。表面浮夸的大隋王朝，居然没有任何办法在短时间内剿灭像这样一个带有流寇性质的起义队伍。

从犯罪学理论上来讲，有一种“破窗效应”。也就是说，如果一个有少许破窗的建筑，没有人去及时修缮，那么接下来就会有更多的窗玻璃被破坏。延伸开来，如果一个公共场所的纸屑不能够及时清理，那么就会有越来越多人随手将垃圾丢弃在这里。

王薄就是这样的一个“破窗效应”。

[1] 无向辽东浪死歌：其义为“别去辽东白白送死之歌”。

在王薄之后，隋大业九年，也就是公元613年。

前文曾经提到的权臣杨素的长子杨玄感（弘农杨氏），在隋炀帝第二次东征高丽的部队中，负责押粮运草。眼看全国反隋的农民起义风起云涌，杨玄感也按捺不住自己内心不断奔涌的狂热，率领自己的亲信部将起兵反隋。他率领大军，直扑隋炀帝所在的东都洛阳。虽然，杨玄感的部队很快被隋朝大将宇文述击溃，但杨玄感反隋的意义却很重大。如果说王薄第一个打碎了农民起义的“破窗”的话，那么身为帝国贵族，尤其是号称“弘农杨氏”后人的杨玄感倒戈，则打碎了隋军地方实力派拥兵自立的“破窗”。

除此之外，杨玄感的合伙人中，有一个叫做李密的。

李密的来头也不小。李密的曾祖父是当年西魏八柱国中的司徒李弼，到了李密这一辈，虽然混得不如祖上，但也曾经做过世袭的蒲山公。李密虽然出身不错，但却不是不学无术的浮浪子弟，他自小熟读兵书，满腹韬略。杨玄感兵败自杀之后，李密一时之间走投无路，只能隐姓埋名躲在乡野做了个教书先生。到了三年之后的大业十二年，翟让作为创始人建立了瓦岗军，李密慕名投奔了翟让，并且成为瓦岗的骨干之一。

从此，翟让、李密的瓦岗军横空出世，成

为河北、河南农民军中的翘楚。

李密加入瓦岗军是一个标志性事件，此后贵族与泥腿子的农民军一起投身到了轰轰烈烈的造反事业中去，甚至贵族与泥腿子还能够互相融合，互相吸收，并肩作战。

在接下来的十余年里，隋末各路英雄好汉在山东、河南、河北、江淮、关中，展开了各显其能的大混战。各路反王是为了反对隋炀帝暴政，当然也想乘乱问鼎中原，一统华夏。影响至今的《隋唐英雄传》，就是以这个时代为背景。这本书一直到今天，都还有蓬勃的生命力。

隋炀帝的帝国，一时间遍地烽火，面临土崩瓦解。

表哥的征途

唐高祖李渊

早在隋文帝杨坚时代，有位叫安伽陀的道士就曾经进言，说“当有李氏应为天子”，意思是有姓李的要夺姓杨的天下。安道士给杨坚的解决方案是——杀光国内的姓李的人❶。

现在看来，这样的谶言❷似乎非常荒诞不经。然而古人却对此深信不疑。前车之鉴就是曹操那个怪异的梦境——三马同槽。曹操生前，曾以为三马就是西北的马腾、马超、马岱父子三人，于是找机会杀掉了马腾，也自以为为自己的子孙后代除掉了后患。然而曹操没有料到的是，他去世几十年后，代魏而自立的是司马氏家族，恰好印证了那个怪异的梦。

跟曹操一样，杨坚也做了一个梦，梦见洪水包围了长安城。

到底是谁，既姓李，又有水？这个人一定是大隋最大的威胁。

不过，终杨坚一朝，他都没有对这个谶言有太过激的反应。

乱世的隋炀帝非常害怕，他不由得想起了这个谶言，也想起了父亲的那个梦境。

躺枪的人，是李穆的儿子——郕（chéng）国公李浑（自称李陵之后）。

已经被天下各路英雄好汉搞得风声鹤唳的

❶“劝尽诛海内凡姓李者”。《隋书·列传第二》

❷谶（chèn）言：是巫师或方士等以谶术制作的一种隐语或预言，作为吉凶的符验或征兆，又称“谶语、符谶、符命”，是迷信的说法，谓之将来会应验的话；因通常配有图，故又叫“图谶”。

隋炀帝杨广，找了个借口将李浑灭门，李浑的妻儿老小三十二口全部被处死。然而，隋炀帝不知道，姓李且名字里面带“水”的，还有一个人——他的表哥李渊。

李渊，比杨广大三岁，二人同为独孤信家的外孙，亲姨表兄弟。

作为八柱国之一的唐国公李虎的嫡孙，李渊是含着金汤匙出生的。因为父亲李昞（bǐng）早亡，年仅六岁的李渊，就承袭了唐国公的爵位。公元581年，年仅15岁的李渊，目睹了姨父杨坚废黜北周静帝，建立大隋。因为亲戚关系的缘故，以及唐国公位置的尊贵，李渊为杨坚所器重，在隋文帝宫中担任了千牛备身❶。之后的很多年，李渊又在很多地方历任太守（市长）、刺史（省长）等职务，当然也曾经在中央担任殿内少监（负责皇宫仪仗）以及卫尉少卿（负责皇家兵器库）。从基层到高层，从地方到中央，不断的“之”字形发展路径是一种科学的晋升模式。这样的职场发展途径，让李渊得到了业务上的锻炼。更加重要的是，在这个过程中李渊结交了朝野上下广泛的人脉。

公元617年，也就是隋炀帝大业十三年，李渊调任太原留守兼晋阳宫监，成为太原地区的军政一把手。

实际上，这一年极其不平静。

自从六年前王薄起义之后，遭受隋炀帝暴

❶千牛备身：是一种高级禁卫武官，相当于现在的中央警卫团武官。“千牛”典出《庄子》，寓意“锐利可斩千牛”。北朝北魏时，帝王随身携带的防身御刀，叫做“千牛刀”，千牛备身除了负责皇帝的安全，还执掌御刀“千牛刀”。

政和徭役最为繁重的山东、河北、河南、江淮的各地农民军，像雨后春笋一样蓬勃发展。饥民造反，已经成为一种时尚，成为一种押宝式的赌注。在这片沃野千里的黄淮海平原上，最多的时候，活跃着多达100多支农民军队伍。在同隋军的交战过程中，农民军之间不断进行兼并、招降、合流，最终剩下了比较大的三股势力：河北窦建德、河南翟让李密的瓦岗军以及江淮的杜伏威。如同一众创业型小公司，经过几年的自然竞争，最终合并为几个大公司，而原来的小公司则入股大公司成为股东。这样的经营模式，有利于集中优势兵力对付隋军。

此时的隋政权，事实上已经被义军分割成了三个首尾不能相顾的政治中心，都城长安留守的是杨侑❶，东都洛阳留守的是杨侗❷和权臣王世充，而隋炀帝杨广本人则被困在江都。

这一年的正月，窦建德农民军在河北建立政权，后自称夏王。

同年二月，地方实力派，朔方梁师都，马邑刘武周，起兵反隋。

同年三月，瓦岗军开始围攻东都洛阳。

同年四月，地方实力派，兰州薛举，武威李轨，南梁萧氏王族萧铣（兰陵萧氏），相继起兵反隋。

我们用一张图来简单示意一下当时的复杂局面。（如图4-1）

❶杨侑（yòu）：杨广嫡孙，元德太子的第三子

❷杨侗：杨广嫡孙，元德太子的次子

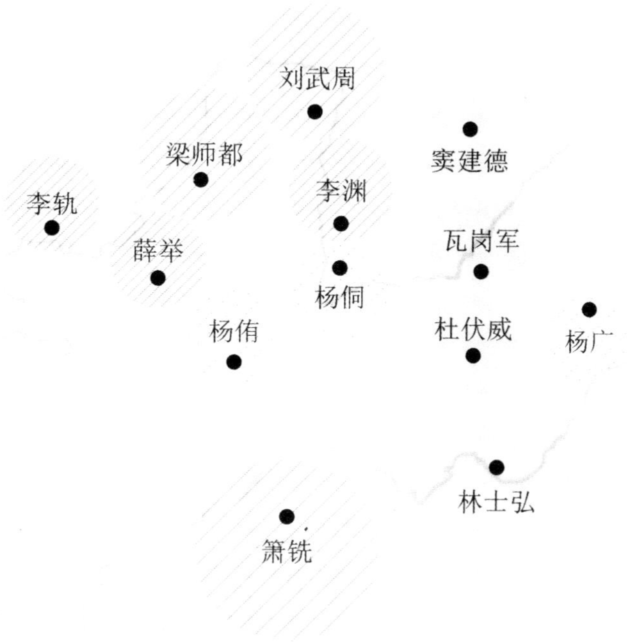

图 4-1　公元 617 年的复杂局面

虽然城头变幻大王旗，全国形势乱哄哄，但却没有乱了李渊的心智，他始终在观望。他在等待一个机会，或者说一个借口。很多人都认为，李渊优柔寡断，当断不断，反受其乱。然而，站在李渊的角度上，却不能这么认为。

李渊不是年轻的李世民，当然也不是一个冲动好斗的愣头青。公元 617 年这一年，李渊已经是一个年过半百的政客，在政坛上摸爬滚打了半辈子。自己表弟杨广治理下的九州大地，早就狼烟四起，什么胡人汉人都可以面南称帝，什么布衣白丁都可以揭竿而起❶，难道李

❶揭竿而起：揭：高举；竿：竹竿，代旗帜。砍了树干当武器，举起竹竿当旗帜，进行反抗。指人民起义。汉·贾谊《过秦论》："斩木为兵，揭竿为旗。"

渊不想吗？况且李渊也知道，民间早就流传着一个“当有李氏应为天子”的传闻，之前不管李密或者李轨，早就自己对号入座了。

然而，李渊考虑的，是一个造反成本的问题。

造反成本之一，个人名誉和政治前途问题。

要知道这一年李渊已经五十一岁，对于古人来讲，这个岁数已经算是知天命了。自己当了大半辈子的忠臣良将，这个时候起兵的话，需要承担的风险太大，一着不慎则满盘皆输。一旦失败，自己的一世名誉将毁于一旦，历史书上就是一个不折不扣的乱臣贼子。

造反成本之二，造反的难度问题。

这一年，群雄并起，而李渊并不是军事实力最强的那一个，虽然自己是驻太原的最高军政长官不假，但手中能够直接调动的兵马不过几百。即便是通过自己雄厚的财力来招募士兵，也难保不会泄露机密被隋朝政府地方官员察觉。即便杀出太原，但相比动辄几十万人的农民军，李渊没有胜算。

造反成本之三，造反的合法性问题。

拉一杆子人马造反，不是难事。只要有人有枪有钱有粮，不愁这支队伍的发展问题。但是，出兵的合法性是什么？饥民造反并不需要理由，饿死也是死，战死也是死。但是李渊出身显贵，衣食不愁，至少还没有被生活逼到必须起兵反隋的地步。古代历史上，师出无名的仗，是万万不能打的。

还好，导火索适时出现了——刘武周。

刘武周是当年参加东征高句丽的老兵，战场上立功之后，衣锦还乡，在自己的老家马邑（山西朔州）谋得了任鹰扬府校尉（马邑武装部部长）的职务。

马邑也就是山西朔州，这个地方的位置非常特殊，这个地方虽然在地理上也属于今天的山西治下，但它距离中原核心区较远。马邑同南边最近的大城市太原，也有雁门关、忻定盆地等关山阻隔。这个地方反而与北部的草原游牧民族有着千丝万缕的联系，所以马邑长期以来就是中原王朝与异族军事对峙的最前线。当年李广随同部队第一次出征，却无功而返的地方，就在马邑。

正因为如此，马邑这个地方民风剽悍，老百姓的人员组成也比较复杂。

这一年的二月，马邑地头蛇刘武周杀掉了马邑太守王仁恭，自称天子，起兵反隋。与此同时，刘武周联络北方的突厥，同突厥的始毕可汗谋划，希望能够联手入主中原，争夺帝位。始毕可汗也不含糊，封刘武周为“定杨可汗”。

刘武周这次拥兵自立，在隋末实际上是一件司空见惯的事情。然而，刘武周起兵的马邑，恰好是太原李渊的辖区。不仅是刘武周作乱，雪上加霜的是，就在不久之前，李渊还在同突厥人的作战中吃了败仗。

大隋王朝已是风雨飘摇，但李渊两罪相

加，隋炀帝杨广居然还不忘给自己的表哥发“黄色通缉令”。一纸传票送到了太原，杨广要求李渊到江都的皇家军事法庭接受问罪。

这件事情让李渊豁然开朗。很多重大的历史选择，往往都是当事人被逼到没有选择余地之后的唯一选择。

如果大隋亡了，李渊无法独善其身，排山倒海的各路反王将会吞噬整个前朝官场；如果大隋不亡，李渊则就要去军事法庭，只要去了江都，那必然是十死无生；退一步讲，李渊今天不去江都，等隋炀帝杨广荡平叛乱，腾出手来收拾残局的时候，李渊一样罪责难逃。

李渊的身家性命，必须掌握在李渊自己手中，尤其在这样的乱世。李渊的儿子们：李建成、李世民、李元吉，个个能够独当一面。这些孩子们连续几个月都在规劝李渊，只等父亲点头。

起兵的时机终于成熟了。

公元617年七月，李渊率领新招来的精兵三万，在太原誓师讨隋，并且发布了证明自己出兵合法性的战斗檄文。李渊的口号是“废昏立明，拥立代王，匡复隋室”。所谓代王，也就是杨侑，隋炀帝杨广的亲孙子，元德太子杨昭的第二个儿子。既然杨广不行，那么作为杨广的亲表哥，“匡扶隋室”拥立自己的表侄孙杨侑这样的话，在李渊嘴里说出来，居然是那样地令人信服。

李渊父子，剑指长安。

龙兴之地

公元617年七月，东都洛阳，激战正酣。

李密的瓦岗军几十万之众，将洛阳城团团围住，水泄不通。窦建德和杜伏威的农民军为侧翼，不断消耗着过来援助洛阳的隋军。乘瓦岗军和隋军都无暇西顾的时候，李渊父子筹划直接进军关中。

图4–2 关中四关

关中，大汉王朝的龙兴之地。占据渭河谷地的富庶，同时又拥有一夫当关万夫莫开的地利。

冷兵器时代，山川地理对于军事作战部署的影响极大，连绵的群山以及蜿蜒的河流，会在很大程度上决定战争的形态以及军事对峙中的强弱关系。所以，古代军事学中依据自然地理的天然属性，形成了很多防守与进攻中的关隘、防线、版图等。比如非常典型的半封闭状态的关中平原，历来有“关中四关❶”的说法。（见图 4-2）。

我们进一步分析。从地形图上看，关中北面是人烟稀少的陕北高原，西面是陇西高原以及“河西四郡”，西北方向是陇东高原。这其中和关中直接陆地相连的，就是陕北高原和陇西高原。从地缘上来讲，关中的北方，很难有游牧民族跨越陕北高原的千沟万壑，况且即便是陕北高原与关中平原之间，也并不是陆地直接相连，而是隔着一条并不低矮的北山山脉。在关中平原的西部，很难有外敌具备足够实力横穿河西走廊，一路杀进关中。所以，在关中的北部和西部两个方向上，很容易形成一个稳固的大后方，至少没有可以匹敌的像样对手。

我们再看关中南面，隔秦岭同汉中相望，关中对汉中盆地形成绝对的经济和人口压制，而秦岭蜀道天险又最大程度地保证了关中的心理安全缓冲；从关中再往东看，出潼关就是可以

❶关中四关：东函谷关（东汉后被潼关取代），西大散关，南武关，北萧关。居其四关之中的地域统称关中。

逐鹿中原的关东地区。

关中这样的风水条件，在中国属于首屈一指，坐拥关陇，剑指巴蜀关东。关起门来可以凭险据守，打开门来则可以逐鹿中原。如果像战国的秦国一样，先把巴蜀变成关中的粮仓和后花园，则至少可以割据一方，观天下大势，相时而动。难怪几个盛世王朝，周、秦、隋、汉都把首都设在关中。

然而看起来固若金汤的关中，有一个地理上的大 BUG——山西或称“河东”。

传统意义上，来自关东的外敌进军关中，走大路需要途经函谷关和潼关等要塞所处的“崤函通道”。（如图 4-3）这条大路由古代黄河河道冲击而成，是由北部中条山脉和南部秦岭余脉，夹在一起形成的天然通道，也是正面作战最容易想到的一条大路。中条山、黄河、秦岭，一起形成了“两山夹一河”的地形特点，严格来讲，狭义的“崤函通道”，是指黄河与南部秦岭余脉夹在一起的那一部分。因为沿着黄河北岸一路向西有一个向北的大转折，所以只能到达山西，而不能进入关中。“崤函通道”，自春秋战国时代就已经扬名天下。因为人人都知道这条路，所以沿这条路的军事路线，恰恰也是最难实现的。无论函谷关还是潼关，一路上都会有重兵把守。

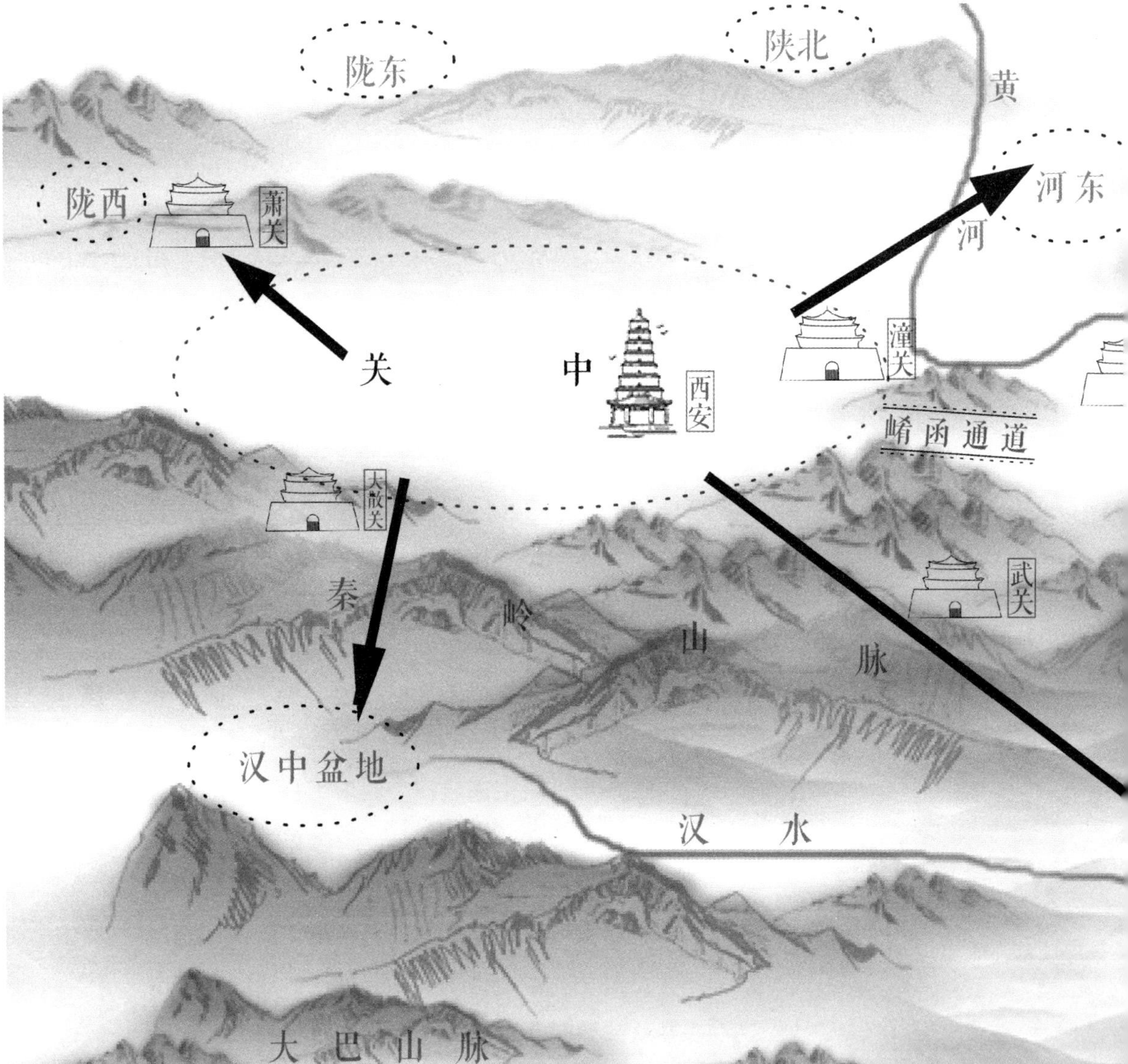

图 4-3 关中地缘结构（1）

但我们重新审视一下关中的地缘结构，关中与山西仅仅相隔着一条黄河，所以站在关中的角度上来讲，把山西地区统称为“河东”。事实上，除了黄河天险之外，关中和河东山水相连，实际上算是同一块地理人口单元。所谓地理人口单元，是指冷兵器时代，适宜人口聚集生存的，被高山、峡谷、河流等天然分界所分割形成的平原、盆地、丘陵等区域。站在河东这块地理人口单元的角度上来讲，渡过黄河即可进军关中，地理上不难办到。（如图 4-4）

因此，从关东进军关中，走山西绕开潼关天险，这是历代占领关中的军事行动中的常见选择。所以，此时此刻的李渊，比之洛阳盆地的王世充与农民军，具有无与伦比的地缘优势。

图 4-4　关中地缘结构（2）

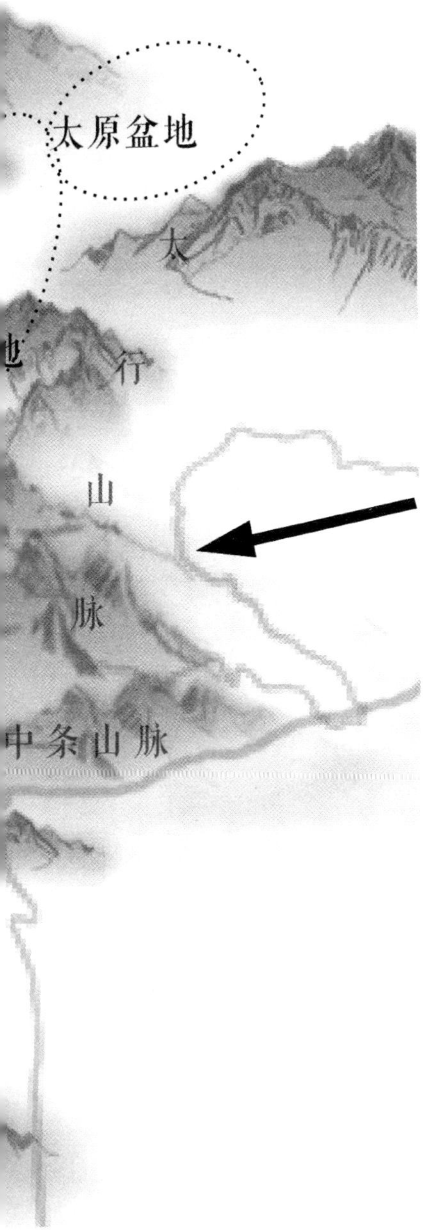

渡黄河，首先要占领黄河渡口。因此，关中与河东之间的渡口成为双方在军事上博弈的焦点。按照黄河的流向，黄河古渡口从北到南、从西到东，比较重要的渡口有，龙门渡、蒲津渡、风陵渡、大禹渡、茅津渡等。（如图 4-5）其中的风陵渡，恰好就在潼关。因此，若想绕开潼关天险，最好的选择有两个，风陵渡上游的龙门渡，或者蒲津渡。

前朝三国时期，曹操曾经派人在蒲津渡渡河讨伐马超，不过过程略显艰险。这一次，李渊选择的进关中路线是相对比较靠北的龙门渡。如果从龙门渡再往北，渡河只能进军陕北高原，渡河则失去了军事上的战略意义。

李渊大军从龙门渡渡河，大军直逼关中。

并没有出李渊所料，关中的守备异常空虚。李渊父子于公元 617 年，也就是隋炀帝大业十三年七月初五出发，沿途并没有遇到太多抵抗，到了十一月初九便攻入长安。

不久，李渊立杨侑为帝，遥尊远在江都的杨广为太上皇，改元义宁，杨侑就是隋恭帝。

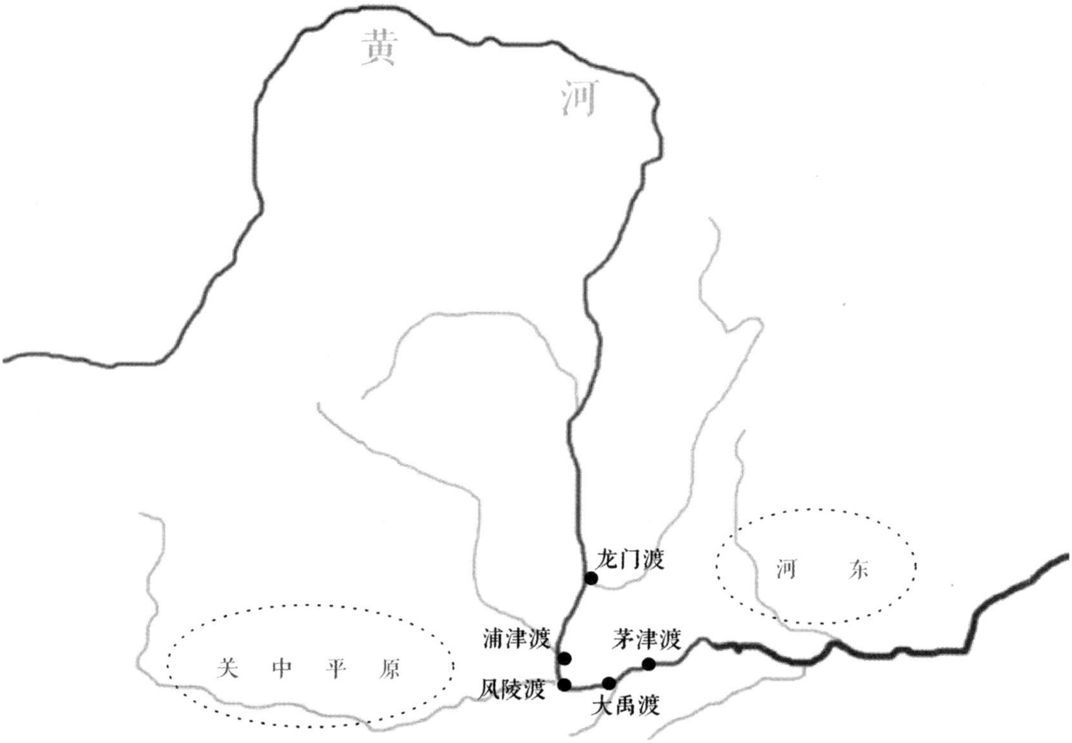

图 4-5 黄河中游主要水系及古渡口分布示意图

杨广之死

这个时候的隋炀帝，在江都惶惶不可终日。

杨广的精神防线已经垮掉了，他把每天都当成最后一天来过，抓紧最后一点时间，来享受这人间的良辰美景，声色犬马。有时候，杨广会对着镜子发呆，然后问自己身边的人说，“我这脖子不错，不知道是谁会砍下去？❶”杨广周围的人心已散，队伍也不好带了。他周围几乎所有的近臣和卫队，都是关中人。从关中一路追随杨广来到江南，结果在江都被困，一困就是一年多。这些关中子弟，听闻李渊定鼎关中，方寸已乱，思乡之情不在话下。

公元618年三月，看到士兵普遍思乡心切，一个叫做宇文化及的人有想法了。

宇文化及，就是前文提到的讨伐杨玄感的隋朝大将宇文述的儿子。宇文述和宇文化及虽然也姓宇文，但和宇文泰皇族却没有半毛钱的关系。他们甚至连民族属性都不同，宇文泰家族是鲜卑人，而宇文述和宇文化及则是匈奴人。宇文化及家之前也不姓“宇文”，而是姓“破野头”，后来宇文化及的祖上为鲜卑贵族当仆人，他们家才随主人一起姓了“宇文”。

宇文化及的老爸宇文述，早年追随杨坚，并且在韦孝宽讨伐尉迟迥的战争中，立下了汗马

❶“好头颈，谁当斫之？”《资治通鉴·唐纪一》

功劳。因此到了隋朝开国，宇文述受到杨坚的重用，全家人也都跟着飞黄腾达。正因为如此，宇文化及从小个性乖张，飞扬跋扈，在京城属于没人敢惹的主儿，人送外号“轻薄公子”。

宇文化及这位公子哥，后来傍上了太子杨广，两个人的关系越走越近。不过，就像杨玄感一样，天下大乱的当口，宇文化及也想火中取栗，在这个空前大变局之中试试自己的手气。

士兵们的思乡心切，终于酿成了一场兵变。乱军之中，宇文化及将惊弓之鸟一样的杨广勒死。杨广终于解脱了，挥手告别了这个满眼苦痛与挫败的现实世界。

宇文化及后来立隋炀帝的侄子秦王杨浩❶为帝，自己自封为“大丞相”。

隋炀帝倒下了，而且一个不相干的杨浩居然面南称帝，皇室正统也就彻底乱了套了。

同年三月，权臣王世充在洛阳拥立杨侗为皇帝，史称“皇泰主”。

同年五月，李渊逼迫自己的表侄杨侑“禅让”，登基称帝，改国号为唐，李渊就是唐高祖。登基之后，李渊立李建成为皇太子，封李世民为秦王，帮助李渊留守太原的李元吉被封为齐王。

大唐虽然已经建立，然而统一全国的战争，才刚刚开始。以关中为中心，极目四望，全国还是群雄割据的态势。此时的瓦岗军，在持续一年多的包围东都洛阳的战斗中，遭遇叛将

❶杨浩：独孤伽罗的第三个儿子杨俊之子。

宇文化及的部队，在双方火拼中两败俱伤。强弩之末的瓦岗军首领李密，再败于王世充，西逃进入长安，投降唐军；宇文化及败逃到河北，被窦建德杀死。瓦岗军和宇文化及，两支力量几乎同时退出历史舞台。❶

在北方，官军和起义军互相消耗，各路人马的战斗力已经透支到了极限，此时正是唐军一统全国的大好机会。李渊把这个任务交给自己的次子——秦王李世民。

李世民，也就是后来的唐太宗，时年只有二十岁。这位年轻人虽然岁数尚小，胸中却有万千沟壑，他将用自己的一生，开创一个前所未有的大时代。

❶描写隋末唐初的文学作品数不胜数。《风尘三侠》《隋唐英雄传》等话本小说层出不穷，这段历史在民间被广泛地流传和演绎。

“秦王”扫六合

李世民首先要做的，就是如何分析当前的全国统一战争。

战争，分成战略和战术两个层面，总战略一定要清楚明白，否则再纯熟的战术也属于徒劳无功。比如李密带队的瓦岗军，围困东都洛阳达一年之久，在战术上几乎没有明显失误，然而却功败垂成。归根结底，是犯了战略和方向性的错误。李密的瓦岗军的确势大，人数最多的时候有三十多万人之众。但长期围攻洛阳，同王世充拼了个两败俱伤，而且还错过了向全国扩张的大好机会。大唐绕开战事惨烈的黄淮海平原，乘虚直接进军关中，这一步战略算是走对了。然而更加复杂的战略计划，还在后面。

我们先来看一下当时的割据形势图。（如图 4-6）

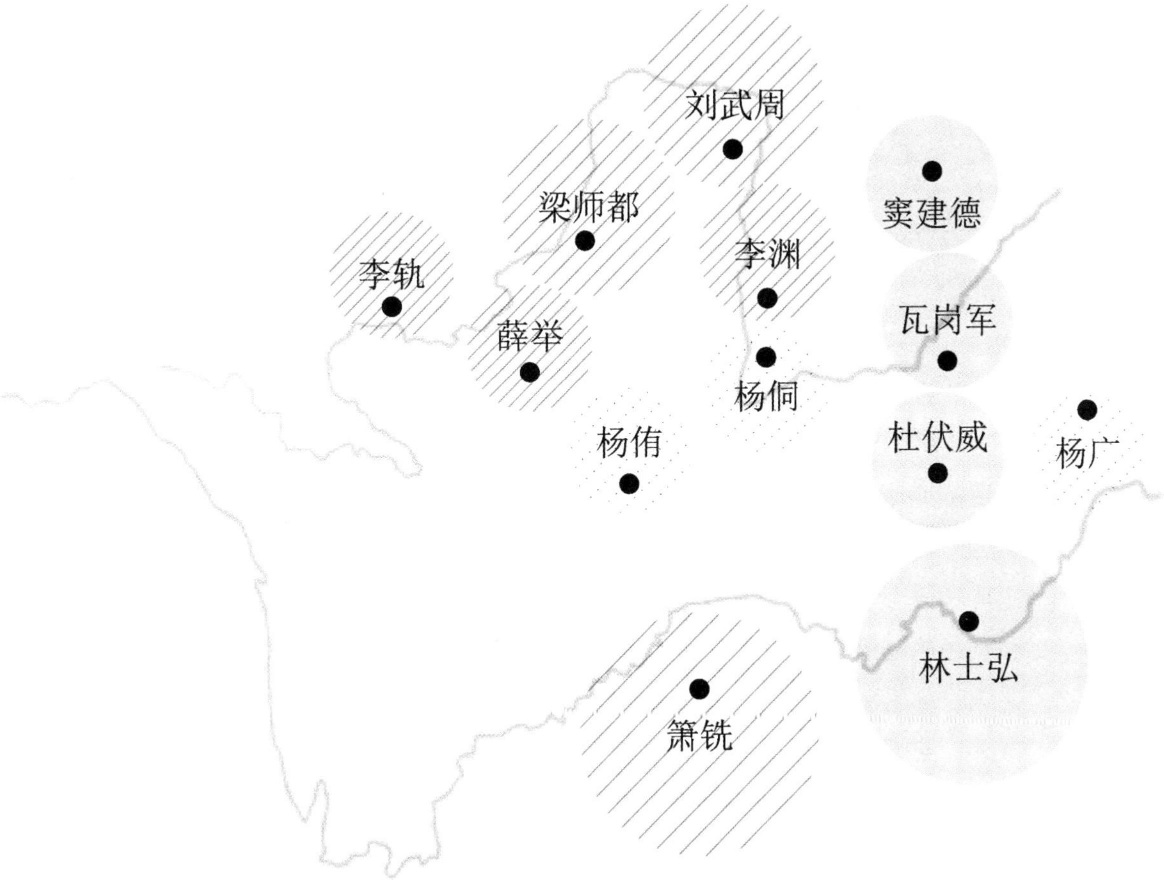

图 4-6 割据形势图

形势复杂吗？很复杂。

让我们抽丝剥茧，用现代公司的 SWOT 分析法[1]，分析一下纷繁芜杂的战争形势。

1. 唐军的S（优势）：

（1）唐军的主要优势是关中没有经过大规模战争袭扰，可以作为稳定的根据地，提供接下来统一战争的军饷给养。

（2）李渊是关陇集团出身，世袭唐国公，又是隋炀帝的嫡亲表哥。同农民军和叛将们的出身相比，更能吸引人才精英的加盟，在北方士族门阀和豪强地主中的号召力很强。

2. 唐军的W（劣势）：

唐军的士兵前期经历的战争磨炼不够，需要更多实战经验的积累。

3. 唐军的O（机会）：

（1）黄淮海地区十年征战，民不聊生，貌似强大的王世充和窦建德，其实都已经是强弩之末。单论后勤补给的话，多年来的开仓放粮或者打土豪分田地的做法，越来越不能持久。

（2）南方的几个拥兵自重的军阀，看起来地盘很大，但是实际上他们远离战争最为激烈的核心地区，军队的战斗力偏弱。

4. 唐军的T（威胁）主要来自两个方向：

（1）关中的西北方向，薛举和李轨，这两支部队时时刻刻威胁着关中的后方。

（2）占据河东的刘武周，此时势力做大，背后又有突厥支持，最有可能沿着李渊起兵的路线，一路杀进关中。

那时并没有SWOT，但当时李世民制定的进

[1] SWOT分析法：又称为"态势分析法"，SWOT四个英文字母分别代表：优势（Strength）、劣势（Weakness）、机会（Opportunity）、威胁（Threat）。将与研究对象密切相关的各种主要内部优势、劣势、机会和威胁等，通过调查列举出来，并依照矩阵形式排列，然后用系统分析的思想，把各种因素相互匹配起来加以分析，从中得出一系列相应的结论，而结论通常带有一定的决策性。此法常被用于制定集团发展战略和分析竞争对手情况，在战略分析中，它是最常用的方法之一。

军策略，却遵循了我们上面的结论。他的路线概括起来就是——先西后东，先北后南。也就是说，先稳定自己的西北根据地，之后扫平北方，进而南征统一中国。

公元618年，李世民先在浅水原败于薛举，又在薛举急病去世之后，重整旗鼓击败薛举的儿子薛仁杲（gǎo），平定关中以西的广大西北地区。

公元619年，唐军使用反间计，使李轨内部出现分化，从而俘杀了李轨，平定了西北更西的河西走廊，整个关中以西，成为唐军腹地。

公元619年，刘武周进军太原，留守太原的齐王李元吉连夜逃走。同年十一月，李世民东进山西，打败刘武周。值得一提的是，在这次战争中，刘武周的爱将尉迟敬德❶归降了李世民。

❶尉迟敬德：尉迟恭（585—658年），字敬德，朔州平鲁下木角人。唐朝名将，官至右武侯大将军，封鄂国公，是凌烟阁二十四功臣之一。
尉迟恭纯朴忠厚，勇武善战，一生戎马倥偬，征战南北，驰骋疆场，屡立战功。玄武门之变时助李世民夺取帝位。晚年谢宾客不与通，于显庆三年（658年）去世，唐高宗为其废朝三日，册赠司徒、并州都督，谥号“忠武”，陪葬昭陵。
尉迟恭被后世尊为民间驱鬼避邪、祈福求安的门神。传说其面如黑炭，在中国传统文化中，尉迟恭与秦叔宝是“门神”的原型之一。

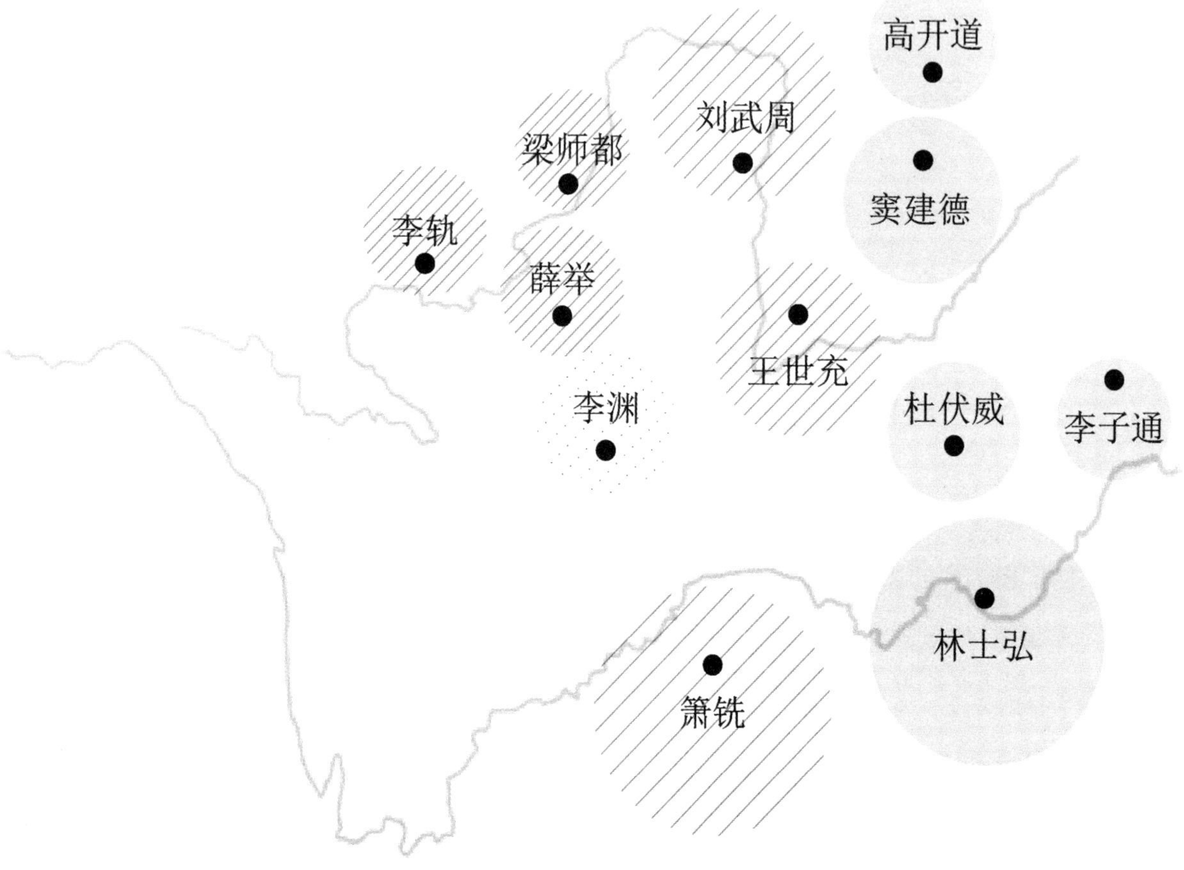

图 4-7　割据发展变化图

公元 619 年四月，权臣王世充废掉了大隋最后一个皇帝——皇泰主杨侗，自封为皇帝，改国号为郑。大隋最后一个象征性的傀儡政权，也退出历史舞台。（如图 4-7）

公元 620 年七月，李世民携平定西北的余威，率八万大军东出潼关，进军洛阳，会战王世充。

三王会战

中国历史传统中，得中原者得天下。所以，秦王李世民兵出潼关，剑指洛阳，这是决定中国历史走势的关键一战。李世民为秦王，窦建德为夏王，王世充为郑王（伪郑皇），所以我们称这次战役为“三王会战”。

三王会战持续九个月之久，根据战役时间顺序，大概分成三个阶段：

1. 唐郑遭遇战（620 年 7 月—621 年 2 月）；

2. 洛阳围城战（621 年 2 月—621 年 4 月）；

3. 唐夏虎牢关之战（621 年 4 月）。

会战开始之初的王世充是惴惴不安的，不仅仅是因为唐军势大，又携战胜薛仁杲和刘武周的余威，更加重要的是人心向背，他的心中自然有数。李渊称帝，至少能够得到关中父老的认可，还有关陇军事集团的支持，然而王世充在洛阳称帝的处境却非常尴尬。

首先王世充只是一个家世背景极其普通的胡人，他的功勋和威望，也是建立在近几年保卫洛阳并击溃瓦岗军的战功基础上的。而且即便是击败瓦岗军的功劳，王世充也干得不怎么漂亮，反而让不少人在背后嚼舌头。

宇文化及弑君之后，马不停蹄赶往洛阳，准备趁乱捞一笔。这个时候，瓦岗军的带头人李密体内的贵族基因作祟，他居然接受了皇泰主杨侗的招安。带领瓦岗军全部精锐，调转枪口跟宇文化及火拼去了。结果李密带领瓦岗军同仇敌忾，一举击溃叛军。之后，正要准备进入洛阳城，到皇帝那里庆功请赏的当口，王世充发动政变，废掉了皇帝，并且洛阳城中精锐尽出，杀了农民军一个措手不及。李密万般无奈，带着两万亲随投了李渊。而瓦岗军也是一分为二，有人投李渊，有人投王世充。从此，瓦岗军就彻底退出了历史舞台。

赢是赢了，不过这事干得真不怎么地道。

其次，王世充僭越称帝以来，满朝文武大臣对他并不买账。仅仅是一年之前，十几个大臣密谋拥立被废掉的皇帝搞复辟，王世充不得已毒杀了皇泰主杨侗。内外交困的压力之下，王世充开始用严刑峻法来治理“国家”。比如实行五家连坐制❶，一家叛逃，则五家连坐。还有更加夸张的，军人外出打仗，其妻儿老小则要被扣留在宫内做人质。这样的倒行逆施之下，人心思变，比如刚刚投了王世充的瓦岗大将秦叔宝❷、程知节❸（*原名程咬金*）、罗士信等人，没过几天就纷纷流失到了大唐。

不过，好在王世充手中有一座刚刚击败瓦岗军的英雄城市——洛阳。

❶连坐制：起始于周朝时期。秦的社会组织相当严密，商鞅变法建立了“连坐制”。内容包括：禁止父子兄弟同室而居，凡民有二男劳力以上的都必须分居，独立编户，同时按军事组织把全国吏民编制起来，五家为伍，十家为什，不准擅自迁居，相互监督，相互检举，若不揭发，十家连坐。

❷秦叔宝：秦琼，字叔宝，齐州历城（今山东济南市）人，隋末唐初名将。投唐后随李世民南征北战，是一个能在万马军中取敌将首级的勇将，但也因此浑身是伤。唐统一后，秦琼久病缠身，于贞观十二年（638年）病逝。贞观十七年被列入凌烟阁二十四功臣。

❸程知节：程咬金，原名咬金，后更名知节，字义贞，济州东阿（今山东东平西南）人。唐朝开国大将，凌烟阁二十四功臣之一。

洛阳聚宝盆

洛阳盆地，虽然比不上关中龙兴之地的气势磅礴，山河四塞，而且作为一个独立的地理人口单元来讲，在面积和体量上也和关中差了许多，但洛阳盆地的地缘以及地理位置极佳。从某种意义上来讲，洛阳盆地就是一个缩小版的关中。

而且最为关键的地方在于，洛阳和关中的距离很近，中间隔着一个“崤函通道”遥相呼应。无论关中还是洛阳盆地，都是中国古代人类发展早期，最先开发的肥沃而开阔的原野地区，对于农业的发展极为有利。正因为如此，虽然比不上关中建都的“周秦汉唐”那样的威武雄壮，但洛阳这座城市，也有“九朝古都”的美誉。而且即便在所谓的“周秦汉唐”时代，洛阳在很多时候也是作为长安的陪都或者备份的身份出现的，或者我们可以称之为“第二首都”。

比如西周在镐京（关中）定都，东周就在洛邑（洛阳）；又比如西汉在长安，东汉就在洛阳。而到了隋代，这种情况尤甚，尤其是隋朝大运河的开凿，洛阳成为连通隋朝大运河南北的主节点。（如图 4-8）因此，隋炀帝才会不惜重金地打造东都洛阳。不管隋炀帝是不是滥用国力建造东都，就古代来讲，有了水路运输也就相当于有了高速公路，对于古代的物流运输系统来说，绝对是极具经济价值的一件事情。

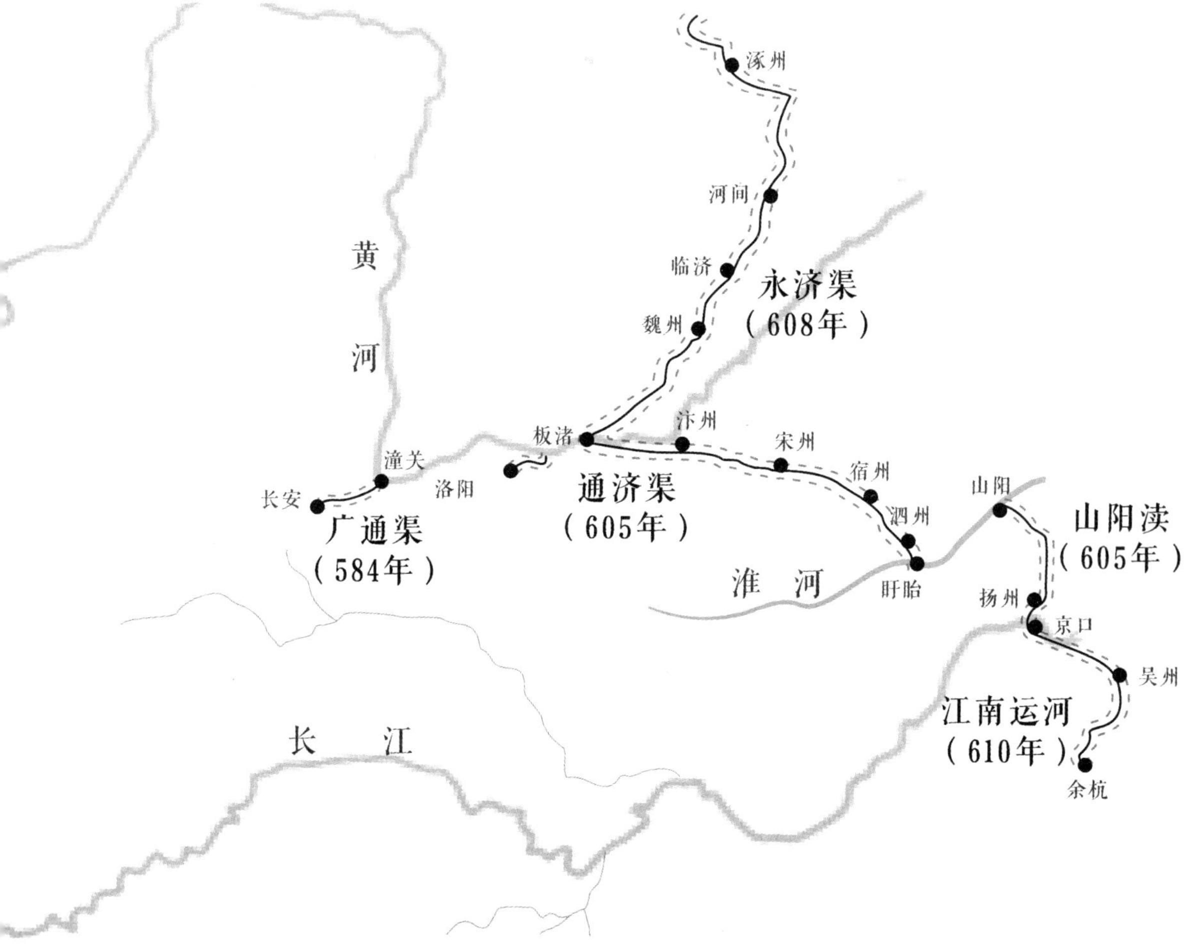

图 4-8　隋运河分布图

我们来看一看洛阳盆地的地缘形势。（如图 4-9）

黄河流经今天的河南境内，过洛阳流过来一条支流，叫做洛河，而洛河又有一条非常大的支流，叫做伊河。所以，洛河也被称为伊洛河。而由于伊河与洛河两条河的交叉冲击，才有了今天的洛阳盆地这样一个非常适合农耕的地利人口单元。所以洛阳盆地还有个名字，叫做伊洛盆地。伊洛盆地其实只是一个统称，它的内部还有很多个小盆地，比如洛宁盆地、宜阳盆地、嵩县盆地、汝阳盆地、伊川盆地。因此，整个伊洛盆地就像一个巨大的蚌壳，蚌壳内还有无数个“珍珠”。这些大自然形成的珍珠，几乎每一个珍珠就是如今河南省的一个县城。或者我们改一个说法，拥有一堆珍珠的洛阳盆地，可以被称为“洛阳聚宝盆”。

沿着伊河和洛河的流向再往北，两条河流全部注入黄河。而黄河在古代，就被称为“河”。所以，“河”与“洛”经常并列出现，这个大三角地区就被称为河洛地区。古人讲“龙马负图出于河，神龟背书出于洛”，这样的瑰丽传说，为这块地方增添了几多神秘甚至神圣的色彩。在伊洛河与黄河大交叉的河洛地区，曾经诞生了中国古代最早的文明之一，这个文明就被称为“河洛文化”。

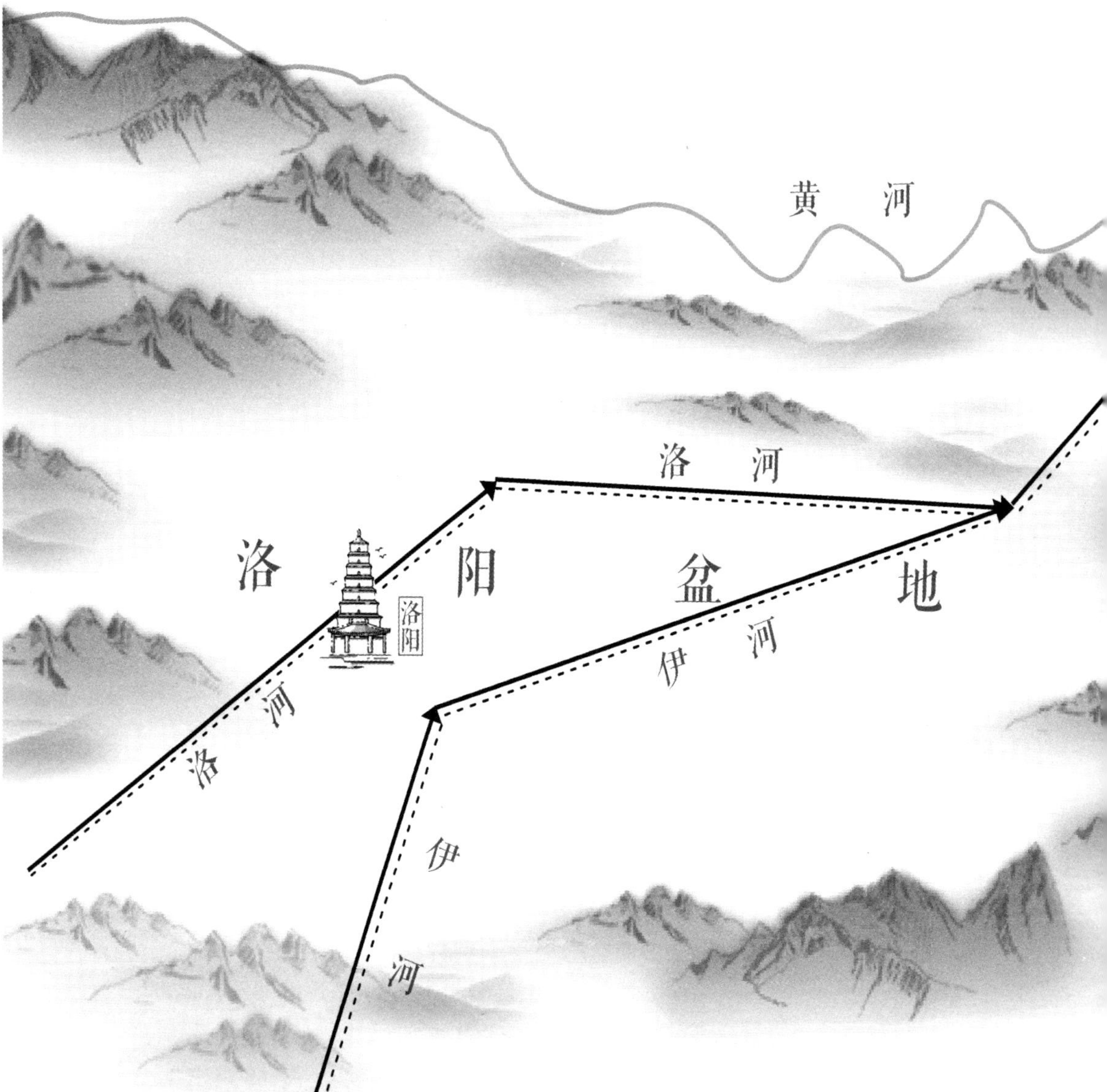

图 4-9 洛阳盆地地缘图

河洛文化对于早期中国人的精神影响极深。如今闽南语系的闽南、台湾等地，均声称自己所讲的语言为“河洛语”，就是中国古代中原文明向南方扩张的一个非常明显的证据。

河洛文化的代表城市，就是洛阳。

古洛阳因为地处洛河之北，所以称为洛阳。

前面我们讲过，关中有四关。而类似地，洛阳则有八关，分别是函谷、伊阙、广成、大谷、轘（huàn）辕、旋门、孟津、小平津。

在八关之中，有东、西、南、北四处最为紧要。（如图4-10）东部，虎牢关。在嵩山以北，黄河以南，连通洛阳盆地与中原地区的咽喉要道；南部，伊阙。在秦岭山脉的余脉，连通洛阳盆地与南下南阳盆地和南方荆襄地区的要道；北部，孟津黄河渡口。在洛阳盆地以北，黄河南岸，隔黄河北望河内地区；西部，函谷关。卡在黄河以南，秦岭山脉以北的崤函通道，连通关中地区。

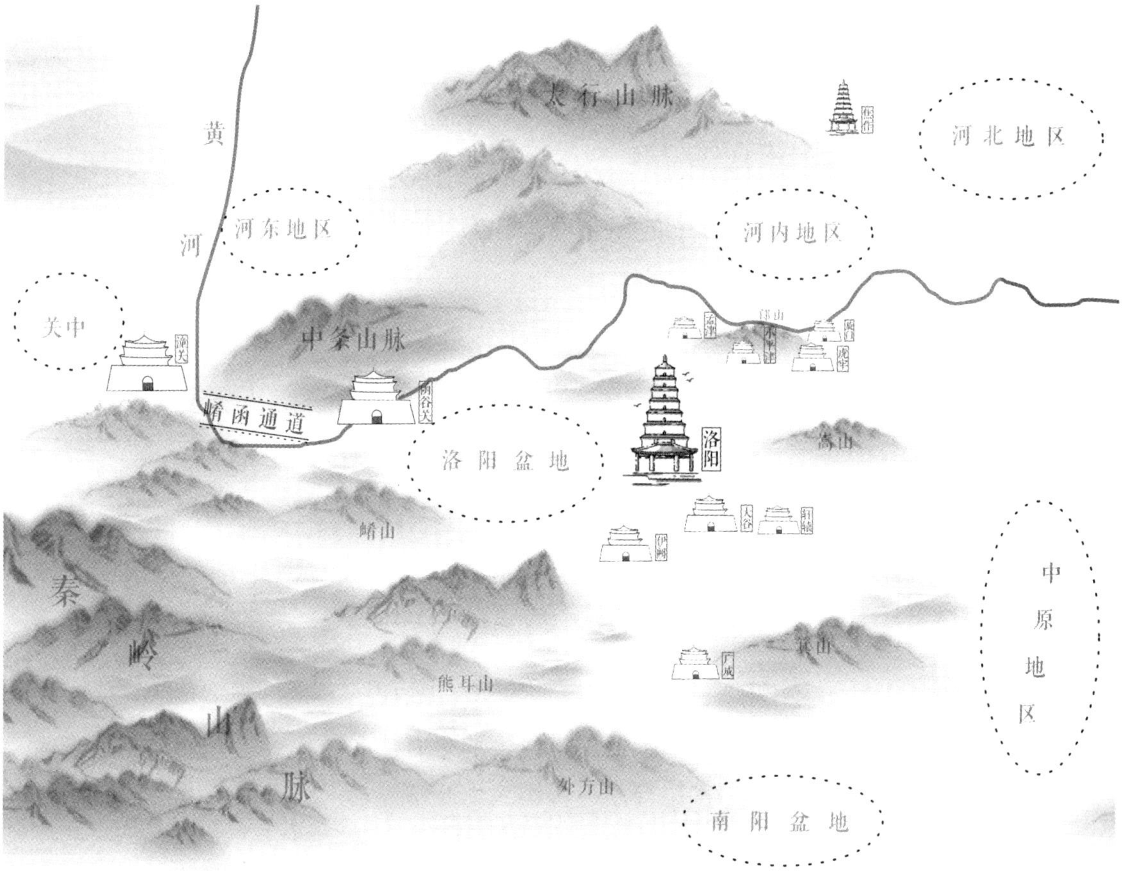

图 4-10　迷你版关中“山河四塞”

洛阳的这个迷你版的关中“山河四塞”，其实并不是洛阳真正的价值所在。因为如果论险要，洛阳盆地是无论如何都比不过关中的。洛阳盆地真正比关中物超所值的地方，在于它的地理位置优势。在中国的经济中心还偏北方的时代，洛阳恰好就在天下之中，东、西、南、北四个方向上，中原、河北、河内、河东、关中、南阳，这些古代中国北方最核心的地理人口单元，恰好就围着洛阳盆地转了一圈。更何况，在隋炀帝之后，洛阳在交通上又多了大运河这个便利条件。

洛阳盆地绝佳的地理位置，无地可出其右。

当然，洛阳盆地如此的地理位置，反过来说也成立。那就是如果战争打响，整个盆地很容易陷入被四面包围的窘境。比如在《三国演义》中，十八路诸侯共讨董卓，十八路诸侯团团围住的就是洛阳盆地。而一旦洛阳盆地被突破，洛阳这座城市就很容易被包围。

不用往远了看，看隋末就可以，当初杨玄感打响第一枪，头一件事就是杀奔洛阳；而李密的瓦岗军，更是围困洛阳长达一年多。而且也正是因为农民军攻占洛阳盆地，直接切断了隋炀帝部众由江都的西归之路，才有了隋炀帝滞留江都和宇文化及的哗变；到了宇文化及哗变弑君，率领叛军十多万，也是直奔洛阳而来。

洛阳定都的风险在于，它既是山河四塞，又是四战之地，二者的属性兼而有之。

此时此刻，王世充最怕的就是李世民突入洛阳盆地这个聚宝盆，之后迅速剪除聚宝盆内的“小珍珠”，也就是洛阳周围的若干卫星城。如果卫星城被各个击破，那么王世充在洛阳也就插翅难飞了。

王世充对于自己了解得非常之深，对于战况战局也有一个清醒的认识，从这个意义上讲，王世充确实是一个聪明人。于是聪明人王世充，将首都洛阳周边的几个重要城市和堡垒，全部安排自己家人驻守。比如，安排魏王王弘烈守襄阳（今湖北襄阳）、荆王王行本守虎牢、宋王王泰镇守怀州（今河南沁阳）、齐王王世恽负责洛阳南城、楚王王世伟守洛阳宝城、太子王玄应守洛阳东城。

战役的第一阶段——唐郑遭遇战的战事进展，恰恰充分地印证了王世充的担心。除洛阳周边的王氏宗族驻军之外，王世充在洛阳周边苦心经营的势力范围，纷纷投降大唐。从620年八月开始的短短几个月之内，五十多座城池不战而降，大批军人倒戈。剩下的事情很简单，就是由李世民率领自己的军队，慢慢想办法瓮中捉鳖了。如果到了那个时候，即便是钝刀割肉，洛阳也会被慢慢耗死。

内心极度恐惧之下的王世充，派人到夏王窦建德处求援，然而，这个多年老对手此时正在饶有兴味地欣赏唐、郑两军鹬蚌相争。至于窦建德出不出手，何时出手，完全取决于唐郑战局的发展情况。

621年初，唐、郑两军遭遇，王世充损失六千多人，仓皇败回洛阳。紧接着，从虎牢压粮运草到洛阳的太子王玄应被唐军李君羡伏击，王玄应几千人马全军覆没，只身逃回洛阳城。值得一提的是，这位断了王玄应粮道的李君羡，跟秦叔宝、程知节一样，也是当初瓦岗军溃散，投王世充的大将之一。如今的反戈一击，让长期以来不懂如何收拢人心的王世充倍感苦涩。

战役进入第二阶段——洛阳围城战

到公元621年二月为止，唐军已经基本上斩断了洛阳周边所有军事堡垒对于首都洛阳起到的拱卫作用，包围圈慢慢缩小到了孤城洛阳。不甘坐以待毙的王世充，趁唐军移营之机，带领两万人马杀出城外。这次战斗，李世民身先士卒，浴血拼杀，战况惨烈到自己的坐骑都被郑军射杀。最后的结果是，郑军战死两千人，被俘五千人。

不管是伏击别人还是被伏击，唐军在同王世充短兵相接的战斗中，表现出了极大的杀伤力，要知道郑军同样身经百战。这种失败，让王世充百思不得其解，唐军的秘密究竟在哪里？

答案在于李世民的个人作战风格。

当时的李世民只有二十三岁，也就是我们现代人刚刚大学毕业的年纪，不管体力还是智力都处于一个巅峰。史书上的李世民，是一个酷爱打仗的人，不仅酷爱打仗，李世民还喜欢亲自上阵杀敌。他还是一个不可多得的猛将，尤其善于骑射。唐军甚至需要为李世民个性化定制弓箭❶，弓的名字叫做“巨阙天弓”，箭的名字叫做“大羽箭”。要知道，这种弓箭是超出常规尺寸的，一般人拉都拉不满，拉满也射不准。需要补充一句的是，几年后的玄武门之变，李世民正是用这副弓箭，亲手射杀了自己的哥哥李建成和弟弟李元吉。当然，此时的李世民，正是凭借这样一身本事，在军队每次进攻时冲锋在最前面。

❶李氏家族皆擅弓矢，后世流传有《唐太宗论弓矢》文：上谓太子少师萧瑀曰：“朕少好弓矢，得良弓十数，自谓无以加，近以示弓工，乃曰‘皆非良材’，朕问其故。工曰：‘木心不直，则脉理皆邪，弓虽劲而发矢不直。’朕始悟向者辨之未精也。朕以弓矢定四方，识之犹未能尽，况天下之务，其能遍知乎？”乃令京官五品以上更宿中书内，数延见，问以民间疾苦、政事得失。（《资治通鉴·唐纪》）

试问有这样的统帅，军官们能不身先士卒，士兵们能不勇冠三军吗？

此后的王世充，再也没有勇气出城迎战，只能做困兽之斗。

洛阳这座城市，已经习惯了被包围的生活。比如几年前的瓦岗军，整整围城一年多，洛阳军民依然获得了最后的胜利。洛阳人民仰仗的，除了艰苦卓绝的战斗意志之外，还有当时杀伤力极大的强弓硬弩以及抛巨石的大炮。唐军固然强悍，但是面对这样一个拥有丰富守城经验的城市，一时间也是无计可施。唐军开始做持久战的准备，围绕洛阳城修了一层又一层的壕沟和工事。

洛阳已经变成死城。

围城两个月之后，洛阳城内几乎已经弹尽粮绝，饿殍满地。

围城两个月之后，久攻不下，且付出不小伤亡的唐军，也已经到了心理崩溃的边缘。军队出潼关已经八个月了，将士们的士气也明显不如当初，士兵们开小差逃跑的情况也时有发生。然而，李世民性格里面，有非常强硬而果决的一面。攻城一定会付出代价，但他相信，也许胜负，就看谁能够坚持到最后一秒。

僵持，让人感到窒息的僵持。

此时此刻，一直在隔岸观火的夏王窦建德，认为出兵的时机终于到了。

战役进入第三阶段—唐夏虎牢关之战。

夏王窦建德

窦建德是一个有帝王之相的人。

中国历史上有很多饥民造反，被称为“流寇”或者“民贼”的居多，正史上的所谓农民起义，极少能够得到后世负责撰史的儒家弟子肯定。然而，窦建德却是超越他的阶级而存在的，他是几千年农民起义中，觉悟和道德层次较高的个别几个人之一。窦建德除了对农民军领袖这份职业敬业爱岗之外，平日清心寡欲。他不吃肉、不好色、不爱财，他的妻子常年穿着朴素的麻布衣服。他对于攻占的一城一地不大肆劫掠，得到的财物也都分给身边追随自己的兄弟们。不管发展的势力有多大，窦建德始终没有称帝，甚至还经常伤感地提及，自己其实做了几十年大隋的臣子。弑君的宇文化及，后来被窦建德抓到，斩首示众；而同样弑君的王世充，窦建德第一时间跟他绝交，朋友也做不成了。这样的人，是儒家弟子的典范。如果不是成王败寇，也许窦建德也会是一代明君，乃至于建立一个威服四海的王朝。

不过此时的窦建德，在郑军和唐军已经缠斗到精疲力竭的关键时刻出山了。他兵发十万，汇合了沿途招降的孟海公、徐圆朗的部分农民军，还收编了王世充弟弟王世辨的几千人马，号称三十万。浩浩荡荡向洛阳进发，以求解洛阳之围。

不过中原和洛阳盆地之间，隔着天险虎牢关。前朝著名的楚汉之争，主要就发生在虎牢关一线。

窦建德兵临城下。作为应对，李世民分兵一半，去守天险虎牢关。而留下了另外一半人马给齐王李元吉，继续对洛阳实施包围。感觉到唐军异动的王世充，终于看到了一丝生的希望。（如图 4-11）

图 4-11　李世民分兵路线图

一战定天下

李世民对付窦建德，前期用到了同王世充同样的战法，几次小的遭遇战，唐军都用灵活机动的战法尝到了甜头。此外，唐军大将王君廓和之前李君羡一样，偷袭了窦建德的运粮部队。这几次的牛刀小试，给夏军制造了不小的心理压力。一种莫名的恐慌，在士兵们之间蔓延开来。

恐慌之下的夏军，也出现了不同的声音。比如有个叫凌敬的谋士，就劝窦建德使用围魏救赵的策略。大军绕开洛阳，走河内❶，进河东❷。计策中没有提到的，只要拿下河东，沿着当年曹操战马超的路线，乘长安空虚之际，直捣黄龙。这样，唐军自然不能首尾相顾。李世民回师之时，也是洛阳的危机化解之时。

究竟是大军绕道而走，还是死战虎牢关。两个作战部署的草案，被同时摆在了窦建德的办公桌上。

然而，窦建德经过权衡，最终决定和唐军在虎牢关展开决战。夏王的想法是可以理解的，首先洛阳的王世充，恐怕已经撑不了太久了。夏军一走，洛阳城中的郑军士气会立刻进入坍塌状态。到时候，不管王世充是速降还是速败，腾出手来的唐军，都会让窦建德的夏军

❶河内：黄河以北，太行以南。

❷河东：黄河以东的山西。

处于腹背受敌的状态。此外，唐军的主力就在眼前，那么何必舍近求远，何妨一战而定天下？

不过，夏王的想法合理，却不合时宜，他忽略了李世民的想法，以及唐军的真实意图。历史的吊诡之处在于，你的选择只是一瞬间，影响的却是整个历史进程。

李世民又何尝不想一战定鼎？

既然郑军和夏军的主力都在，那么这也是唐军千载难逢的好机会。然而，李世民首先需要面对的一个问题，就是兵力的差距问题。面对窦建德的十万大军，唐军虎牢关的人马全体都算上，不会超过两万。一旦决战来临，唐军没有十足的胜算。

不过，我们进一步分析。窦建德的队伍有一个致命的弱点，那就是农民军的单兵与协同作战素质的问题。农民军大多是泥腿子出身，并没有接受过系统兵法培训。隋末各路势力的混战中，农民军兄弟们只是从战争学习战争，其单兵作战能力，显然无法与关陇军事集团的正规军唐军相提并论。此外，夏军中的很多士兵，是新近招降或合流的，来自包括孟海公、徐圆朗、王世辨等几路人马。这样新组成的部队，不会有太强的凝聚力。更加要命的是，收复河西走廊之后，唐军拥有了传统马场，因此军中装备了很多骑兵，而农民军基本都是步兵。况且，夏军一直在中原作战，他们并不了解来自遥远关中的唐军到底是什么战法。究竟是黑社会打群架，还是人海战术吓死你，还是按照套路一板一眼来，对于陌生对手的作战习惯，夏军一头雾水，这是一场名副其实的大规模遭遇战。

夏军更加不知道的，是李世民手中的“玄甲兵❶”。

玄甲兵，由李世民亲自挑选的精壮骑兵、带甲勇士组成，共有3500人。玄甲兵清一色黑盔黑甲，无论武器、马匹、伙食、给养，都是精益求精，优中选优。这支部队，放在古代，是一支不折不扣杀伤力强大的特种装甲部队。

这支部队，将成为夏军的噩梦。

决战日。夏军摆出了几十里宽的攻击阵型，唐军却一直坚守不出。

直到夏军的步卒们人困马乏，开始饥饿和懈怠的时候。唐军的3500名玄甲兵，像几千辆装甲车一样，在李世民的率领之下杀进敌阵。这支闪耀着瘆人黑色死亡光芒的部队，神兵天降，震慑敌胆。已经士气低落的夏军，被这样的阵势瞬间吓呆，心理防线完全崩溃了。玄甲兵在夏军阵中连续冲杀了四五个来回，居然没有遇到像样的抵抗，直到李世民带兵冲进了窦建德的中军大帐。

中军大帐的窦建德高级将领们，此时此刻正在进行军事会议，搞战术研讨的头脑风暴。谁都没有想到，中军大帐突然冒出黑压压一群杀人机器，皂盔皂甲活像是阎罗转世。电光石火间，中军大帐所有的高级将领被一网打尽，窦

❶玄甲兵：《资治通鉴》载：“秦王世民选精锐千余骑，皆皂衣玄甲，分为左右队，使秦叔宝、程知节、尉迟敬德、翟长孙分将之。每战，世民亲被玄甲帅之为前锋，乘机进击，所向无不摧破，敌人畏之。行台仆射屈突通、赞皇公窦轨将兵按行营屯，猝与王世充遇，战不利。秦王世民帅玄甲救之，世充大败，获其骑将葛彦璋，俘斩六千余人，世充遁归。”

建德被李世民生擒。中枢指挥系统瘫痪之后，夏军更是作鸟兽散。

战斗结束，夏军十万人之众，居然仅仅阵亡三千人。但是，却有五万人逃跑，另外五万做了俘虏。

这是中国古代军事史上一次奇观，3500 人击溃十万之众。

站在洛阳城头上的王世充，看到已经被俘的窦建德时大惊失色，不知所措。大势已去，王世充率领文武百官开门乞降，他唯一的愿望就是能够保全自己的性命。几个月后，被押解回长安的窦建德被斩首，王世充被发配，之后死在了发配的路上。

我们回头再去复盘这场三王会战。胜负手究竟在什么地方呢？是李世民的英勇和坚持？是王世充的人心向背？是夏王放弃围魏救赵？是玄甲兵神兵天降？是农民军的措手不及？总之一切貌似必然的巧合，决定了最终的战争走向，这就是历史。

秦王李世民，一战而定天下。

三王会战，一战擒两王，这样震古烁今的功劳，让李渊龙颜大悦。之后的李世民，被李渊封为天策上将，并且在洛阳设置官邸，单独开府。

接下来的几年，唐军由北而南，摧枯拉朽，统一全国。

大唐，如同一轮红日一样，喷薄而出，即

将达到中国古代封建王朝的巅峰。陇西李氏，也将自己的名字，镌刻在了中国名门望族的光荣历史上。

此时的大唐无法预料的是，若干年后如日中天的陇西李氏，将迎来弘农杨氏的复仇。

杨家女人的复仇

『这是一场堪称完美的武媚娘升职记。也是冥冥之中，弘农杨氏对于陇西李氏的一次完美复仇。

李世民的核心人才梯队：天策府创业盘、玄武九将敢死队、十八学士智囊团、凌烟阁二十四功臣备忘录。

杨玉环不仅出身于弘农杨氏，而且往远处扯还和李唐皇族能扯上世仇关系。』

武媚娘升职记

武则天像

因为是皇族，弘农杨氏在大隋一朝于朝廷为官的人很多，比如前面提到的杨素、杨玄感。其中有很多人是在杨坚称帝之后才入朝为官的，这些人显然属于一人得道，鸡犬升天。然而还有一些人，是在北周时期就已经发迹的。杨坚建立大隋前后，这些本家立下了汗马功劳，在杨坚称帝后更是位极人臣，比如观王杨雄❶就是。

杨雄有位弟弟，叫做杨达，也是任职大隋朝的官员。杨达有个女儿——杨氏，杨氏在四十四岁这一年，作为续弦，嫁给了大唐的开国元勋，李渊的好朋友——武士彟❷（yuē）。婚后，杨氏为武士彟连续生了三个女儿，其中的二女儿，就是武则天。换句话讲，武则大的母系，就出自弘农杨氏。

公元637年，唐太宗李世民召武则天入宫，封为五品才人，赐号“媚娘”，从此，武则天才有了人生中第一个正式名字——武媚娘。这一年，李世民39岁，武媚娘13岁。

此时的武媚娘，身若浮萍。两年前的公元635年，李渊去世，老友武士彟悲伤过度，不久也郁郁而终。留在世间的寡妇杨氏和三个女儿，备受世人的白眼和欺凌。甚至于武媚娘同父异母的哥哥武元庆和武元爽，也经常呵斥排

❶杨雄（540年—612年），本名惠，字威惠，隋文帝杨坚族子，北周大将军杨绍次子。隋朝宗室、将领。杨雄初仕北周，官至上柱国，封邗国公。隋朝建立后，进封广平王，历任左卫将军、宗正卿、右卫大将军等职。与高颎、虞庆则、苏威并称四贵。后因深得人心，遭致隋文帝忌恨，隋文帝于是夺其兵权，任命为司空。开皇十九年改封清漳王，仁寿元年改封安德王。

❷武士彟（577年—635年），彟（yuē），字信明，并州文水人，唐朝开国功臣、卓有政绩的高级官员，一代女皇武则天的父亲。

挤自己的继母。

进宫之后的武媚娘，境况也好不到哪里去。她的才人称号，不过是唐太宗众多嫔妃中不起眼的小角色。首先，唐太宗有皇后一名；皇后以下，还有贵妃、淑妃、德妃、贤妃四个妃子；妃子以下，还有昭仪、昭容、昭媛、修仪、修容、修媛、充仪、充容、充媛，九位嫔；嫔以下，九位婕妤；婕妤以下，九位美人；美人以下，九位才人。

也就是说，嫔妃里面，比武媚娘地位更高更容易接近唐太宗的，有多达 32 个女人；跟武媚娘地位平等机会均等，一样是才人称号的女人，有 9 个；这还不算他身后的宝林、御女、采女，这些比才人地位更低的女孩，有 81 个。

武媚娘骨子里，是一个性格强硬且不服输的女人。然而面对这样的竞争态势，她还是感到绝望。熟读儒家经典和历代史籍的她知道，历代宫廷嫔妃出人头地，无非有三个途径：第一，靠自己获得皇帝恩宠；第二，尽快给皇帝生下儿子；第三，利用外戚上位，也就是自己的娘家人的势力。在武媚娘看来，这三条途径对于当下的自己来讲，都太过奢侈了。尤其最后一条，是最指望不上的。所以，要想在唐太宗的嫔妃团队里面脱颖而出，必须另辟蹊径才行。

武媚娘需要等待一个合适的机会，在可能的那个机会来临之前，她要做好各种充分的准备。在这种漫长的等待之中，武媚娘首先不能

自甘消沉，她每天要自我激励，给自己正能量；还有，即便机会渺茫，依然要保持一颗淡定从容的心；此外，即使是无人欣赏，武媚娘也不能荒废自己作为一个女人赖以生存的谋生技能。

武媚娘这一等，就是十二年。

公元649年，李世民病重。按照唐代宫廷的传统，如果皇帝驾崩，那么皇帝所有没有子女的嫔妃，将统统被带到感业寺出家为尼。后宫的职场法则是残酷无情的。因为一旦皇帝不在了，连同皇帝作为主管的部门也消失了，你的职业生涯也随之走到了尽头。此时的武媚娘感到恐慌和无助。

然而静下心来之后，她隐约感到，这又何尝不是一次机会。因为在唐太宗的后宫，自己即便再等上十二年，等到人老珠黄都未必有机会出人头地。但是唐太宗不在了，还会有新的皇帝来接替他的位子，新的皇帝，会组建新的团队，也就意味着新的机会。新的皇帝，就是皇位的第一顺序继承人，也就是现在的当朝太子。武媚娘瞬间感到柳暗花明。她利用太宗仅存的最后一点时间，借太子李治出入宫廷探病的机会，同李治建立起了关系。

机会总是属于有准备的人。在满脸愁容、一脸憔悴，提前进入尼姑状态的一众嫔妃中间，李治发现了国色天香、才华出众，又有生活情趣，浑身充满正能量的武媚娘。年轻的太子，对武媚娘一见倾心。武媚娘命运的转折点，就

此到来。

公元649年五月，唐太宗这位雄才大略的皇帝走完了传奇的一生。在经历人生中诸如虎牢关之战、玄武门之变这样的血腥往事，尤其是几年之前太子李承乾和四子李泰同室操戈后的两败俱伤之后，唐太宗最终选定的接班人是为人忠厚、性格懦弱的李治。或许唐太宗再不希望看到已经四海一统的大唐，有更多的纷争和仇恨。同一年，李治登基称帝，史称唐高宗。与此同时，武媚娘随同其他几十个嫔妃一起，在大唐官方组织之下，到感业寺出家为尼。

长孙无忌像

一年之后，唐太宗周年祭。

唐高宗李治到感业寺进香，见到了武媚娘，也下定决心将武媚娘接回宫里。天生缺乏主见的李治，将这个想法告诉了当时他的妻子——王皇后（太原王氏❶）。出人意料的是，王皇后支持李治的想法，并且主动帮助李治理顺武媚娘从感业寺回宫的具体流程。王皇后对待武媚娘的态度，绝对不是出于仁慈。一来，算是对唐高宗李治的顺水推舟；二来，没有生育的王皇后，想借武媚娘上位来打击她的情敌——萧淑妃（兰陵萧氏）。

然而，事态的发展远远超出了王皇后的预料。

从感业寺回宫的武媚娘，被李治封为九嫔之中排名第一的——昭仪，仅次于皇后和四妃子。并且很快，武媚娘替李治生下了一个儿子李弘。王皇后没有想到，前门狼未退，后门又

❶太原王氏：中国古代望族。起源于山西省太原市，从魏晋到唐朝都非常显赫，与陇西李氏、赵郡李氏、清河崔氏、博陵崔氏、范阳卢氏、荥阳郑氏六族并列为五姓七族高门。

进虎。这个武昭仪，是比萧淑妃能力和手段更上一个层次的狠角色。虽然只有二十几岁，但武媚娘经历过两朝后宫，经历过数不清的明枪暗箭，当然也经历过人生的大起大落。相对而言，王皇后和萧淑妃，也不过只是依附于男人生存的普通女人而已。她们两个的争风吃醋，在武媚娘的眼中，只不过是小孩过家家的游戏。武媚娘心中所有的宫廷政治，包括同皇帝的花前月下在内，都是残酷的斗争，只要有斗争，则必然是你死我活。

公元655年，在武媚娘的背后策划之下，朝野上下终于出现了对于皇后废立问题的大讨论。这场大讨论，使朝堂上出现了泾渭分明的两派。以高级官员为基础，长孙无忌为首的传统“关陇集团”派，以及以中层官员为基础，许敬宗为首的政坛新势力。然而最重要的一票，唐高宗李治，是坚决地站在“废王立武”的立场上的。

事态发展到这一步，政治嗅觉敏锐的大臣们，已经隐隐感觉到了某种异常。皇后废立的问题，不仅仅是后宫争斗，也不仅仅是皇帝的家务事了。而是朝廷的保守和激进两派的斗争，也是关陇贵族和政治新势力之间的博弈。换句话讲，武媚娘策划的这个废后议题，成功地抓住了唐高宗以及政治新秀如许敬宗们的职场心理，将废后问题，上升到了朝野两派谁都输不起的一场政治大决战。时年二十七岁的李治，在立场上始终没有妥协。他的强硬，是他背后武媚娘的决绝，也是年轻的李治个人政治态度和准备施展政治抱负的一种外在体现。

如果不看唐高宗李治，其实双方在牌面上的实力对比，差距还是蛮大的。

比如说反对“废王立武”的长孙无忌。

长孙无忌是世家子弟，长孙无忌的老爸，就是前文讲到的分化突厥人的民族英雄长孙晟。长孙无忌和李世民从少年时代就是熟识的布衣之交，后来长孙无忌的妹妹嫁给李世民，他也就升级成了李世民的大舅哥。而这个长孙无忌的妹妹，也就是后来多谋善断，而且能够帮助李世民出谋划策的长孙皇后。前面我们提到的前太子李承乾，以及魏王李泰，都是长孙皇后嫡出的儿子。如今得了天下的唐高宗李治，也是长孙皇后亲生。

长孙这个姓氏非常不一般，它源自鲜卑拓跋氏，属于北魏皇族。长孙这一支的祖先，长期以来在鲜卑各部落中间立功最大，而且又是拓跋氏的宗室之长，所以后来到了魏孝文帝拓跋宏执政的时候，干脆就赐姓“长孙”了。后来的长孙氏先祖，就代代以长孙为姓。所以从血统上来说，长孙无忌是典型的鲜卑后裔，也是典型的关陇集团成员。

长孙家族代代都是朝廷重臣，而到了长孙无忌这里更是发扬光大。

我们先看一下李世民手下的嫡系组成。

和其他普通帝王相比，唐太宗李世民这个人的一生比较与众不同，这个人既是开国皇帝，又是守业皇帝。换句话说，唐帝国的创业原始股份他占了一大股，而后来又是以他为核心组建了第二代领导集团。

因此唐太宗在人生的不同阶段，用到了不同的人才。他的核心人才梯队按照时间顺序，以及李世民的政治生涯发展，大概可以分成四大类。

1. 天策府❶创业盘

三王会战结束，李世民被李渊封为“天策上将”，特被恩准单独在洛阳开府。李世民就以洛阳为基地，以天策府为核心，把自己麾下这些年收罗的能人异士进行整合。无论出身关陇旧臣，还是地方割据势力，乃至于各路农民军，全部都汇集到李世民帐下，最终形成了听命于李世民的官僚集团雏形。

2. 玄武九将❷敢死队

唐高祖武德九年，也就是公元626年，在与太子李建成和齐王李元吉的明争暗斗中，李世民决定不能坐以待毙，所以提前在玄武门下手，发动政变杀死太子和李元吉，史称“玄武门之变”。玄武门之变，从一开始就注定要杀人沾血的，而且要搞的人也都是皇帝的儿子。李世民特地挑选了九名心腹中的心腹参与政变，当然，前提必须是能打的主儿，手无缚鸡之力的文人，再怎么是心腹也肯定不行。这九个人，后

❶天策府：唐高祖武德四年(621年)，秦王李世民击败王世充、窦建德联军，被封为天策上将后在洛阳所建的府邸，也是李世民日后称帝的标志性事件之一。天策府位列武官官府之首，在十四卫府之上；天策上将职位在亲王、三公之上，仅次于名义上的文官之首三师（即太师、太傅、太保）。天策上将可以自己招募人才作为天策府中官员，即所谓的“许自置官属”。

❷玄武九将：指武德九年，玄武门之变中跟随李世民立下汗马功劳的九个将领。据《旧唐书·卷六十五·列传第十五》载：“六月四日，长孙无忌与尉迟敬德、侯君集、张公谨、刘师立、公孙武达、独孤彦云、杜君绰、郑仁泰、李孟尝九人，入玄武门讨伐李建成、李元吉，平之。”

来就被称为“玄武九将”。

3. 十八学士[1]智囊团

李世民心里门清，帮助老爹把江山打下来了，又从同胞骨肉手中把江山抢到了自己怀里，但是革命容易建设难。要是接下来改善国计民生，搞轰轰烈烈的经济建设和社会变革，单单是依靠当年的各路军头，以及在玄武门门前的豪侠之士，那是肯定不行的。所以早在“天策府”开府的同一年，李世民就在都城长安设置了“文学馆”，吸纳各路英才，组建了一个专门帮助皇帝讨论和参谋军国大事的组织，因为成员有十八人，所以被称为“十八学士”。十八学士，后来就成为唐太宗的御用智囊团。唐太宗后来命当时的大画家阎立本为十八人画像，有《十八学士写真图》传世。

房玄龄像

杜如晦像

4. 凌烟阁二十四功臣[2]备忘录

二十四功臣，是在唐太宗晚年的时候，帝国以国家名义确立的，多年以来追随李世民闹革命和搞建设的功臣名录。后来李世民命阎立本作画，为二十四位功臣绘出了真人大小的肖像画，名为《二十四功臣图》，陈列在帝国皇宫内的凌烟阁里面，因此被称为“凌烟阁二十四功臣”。

这里面，革命和夺权时期的功臣，基本上集中在“天策府”“玄武九将”，以武将为主；而抓革命促生产时期的功臣，基本上集中在“十八学士”，以文臣为主。那么“二十四功臣”，则

❶十八学士：分别是杜如晦、房玄龄、虞世南、褚亮、姚思廉、李玄道、蔡允恭、薛元敬、颜相时、苏勖、于志宁、苏世长、薛收、李守素、陆德明、孔颖达、盖文达、许敬宗。

❷二十四功臣：分别是长孙无忌、李孝恭、杜如晦、魏征、房玄龄、高士廉、尉迟敬德、李靖、萧瑀、段志玄、长孙顺德、刘弘基、屈突通、殷开山、柴绍、张亮、侯君集、张公谨、程知节（程咬金）、虞世南、刘政会、唐俭、李世勣、秦叔宝。

是对所有文臣武将在唐太宗一生中贡献的一个总评。

以上提到的，就是货真价实的唐太宗李世民嫡系。

有些嫡系，上了其中不止一个名单，比如武将中的秦叔宝和尉迟敬德，又比如文臣中的房玄龄、杜如晦，但所有这些人，都比不上长孙无忌。长孙无忌是天策府的重要成员之一，是“玄武九将”之一，又是“凌烟阁二十四功臣”之首。所以，面对唐高宗李治的新政权班子，长孙无忌首先是李治的亲娘舅，又是前朝唐太宗时期嫡系中的嫡系，重臣中的重臣。

对“废王立武”这件事情的抵制，长孙无忌不是一个人在战斗。

长孙无忌的背后，还站着褚遂良。

虽然比不上长孙无忌的家世显赫，但褚遂良也出身于江南的官宦家庭。他的老爹叫做褚亮，褚亮是“十八学士”之一，而且褚亮在十八学士里面的地位非常高，我们前面提到的《十八学士写真图》，负责画画的是阎立本，而负责题赞的就是褚亮。褚遂良除了擅长政务，还能够写一手好字，在当时帝国的书法界，褚遂良和欧阳询、虞世南、薛稷并称“初唐四大家”。

褚遂良在唐太宗时期，一步一个脚印地升迁，最终官至中书令，也是唐太宗时期除了魏征之外的一代名相。

唐太宗临终托孤，两位辅政大臣就是长孙

无忌搭配褚遂良的组合。

我们反过来再看，支持“废王立武”的许敬宗。

说许敬宗是政坛新势力，其实也并不准确，这只是从他的政治地位以及影响力的角度来考量。实际上许敬宗的辈分可不低，岁数也大于长孙无忌和褚遂良，他比长孙无忌大了两岁，比褚遂良大了四岁。不仅如此，许敬宗还曾经是太宗时期“十八学士”之一，只不过后来十八学士中的大部分都混得很好，许敬宗并没有大红大紫而已。

不过，拿褚遂良和许敬宗做类比，倒是很有意思的一件事情。

许敬宗跟褚遂良的老家一样，都是江南地区的杭州。如果再往上数，祖上都是当年南渡的来自北方的中原士人。褚遂良和许敬宗的祖辈，世代在江南为官，但并非豪门大族出身，跟北魏北周大隋，乃至八柱国家关陇六镇这条线上的官僚体系也有区别。所以如果说因为长孙无忌的存在，就把整个“废王立武”事件往关陇集团与平民集团的斗争上引，恐怕也无法完全自圆其说。

不过有一点是确定的，许敬宗的仕途比较坎坷。

许敬宗的老爸许善心，虽然官至隋帝国的礼部侍郎一职，但许敬宗少年时期也是从上私塾、考秀才开始，一点一点步入隋帝国官场的。而

李勣像

褚遂良像

褚遂良书法作品《大唐三藏圣教序》局部

到了隋炀帝时代，宇文化及发动叛乱，杀掉许善心，许敬宗无奈投奔了瓦岗军，又随瓦岗军投奔了李世民。虽然早早就名列“十八学士”，但许敬宗在政坛上后来并没有顺风顺水。我们认为，这个跟他本人的从政能力以及个人魅力，绝对有很大关系，因为反例就是褚亮的儿子褚遂良嘛。

到这里，我们似乎可以改变一下如上的陈述，“废王立武”之争其实跟传统观点上的“关陇集团”与“山东集团”的官场角力关系并不大。而是纯粹的因为武媚娘利用个人影响力的背后运作，而形成的一次政治站队。

站队的双方都在押宝，赌的就是双方的政治前途。根据屁股决定脑袋的朴素价值观，站长孙无忌这派的，多半会属于既得利益者，可以称为“保守派”；而站许敬宗这派的，多半是暂时不得志的中层官员，他们渴望更多变革，渴望更多机会，可以称为“激进派”。

保守派和激进派虽然在进行决战，但可以预见的是，在最后的表决中，很难看到激进派的影子。因为最终的决策，一定是唐高宗李治组织的小范围讨论。这可以是一场皇帝组织的高层办公会，也可以是一场小范围朝议。而这样的小范围，激进派们的级别往往不够。

我们来看一下，最后参与讨论的四人组——分别是太尉❶长孙无忌，司空❷李勣（jì），尚书左

❶太尉：虚职，名誉国家顾问，三公之一。

❷司空：虚职，名誉国家顾问，三公之一。

仆射于志宁，尚书右仆射褚遂良。

于志宁出身于关陇贵族，他的曾祖父是西魏八柱国之一的于谨。而于志宁本人，则是早期天策府创业成员之一，也曾经位列“十八学士”。于志宁在唐高宗李治年间受到重用，时任宰相。

我们重点关注一下李勣，这个人的经历，包括这个人的名字都十分传奇。

说李勣大家都很陌生，不过说李勣本姓徐，字懋（mào）功，叫做徐懋功，很多人就知道了。李勣原名叫做徐世勣，早年追随翟让，算是瓦岗军的联合创始人之一。然而翟让死后，李密带领的瓦岗军战败，李密西入潼关投了大唐。李密投降不要紧，把徐世勣一个人扔在了关东，还带着一群瓦岗的残兵败将。徐世勣没有像李密那么慌张，清点手中的人马地盘、武器粮饷整理成册，以李密的名义，也投了大唐。

李渊得到瓦岗军的原班旧部投诚，大喜过望。同时感叹徐世勣的镇定，对李密的忠诚，还有对大唐的向往。大喜之下，赐徐世勣姓李，于是徐世勣就成了李世勣。这还不算完，后来李世勣又被窦建德所破，被逼无奈为窦建德效力一段时间。后来，找到机会又重新回到了李世民麾下。再后来李世民做了皇帝，李世勣为了避李世民的讳，再次改名叫李勣。

李世民手下的李勣，是一位不可多得的帅才。

内战内行，外战比内战还内行。

李勣参与过虎牢关之战，表现十分突出，战后李世民被封为上将，李勣被封下将。后来李世民登基称帝，李勣挂帅，帮助李世民灭了东突厥，灭了薛延陀，灭了高句丽。李勣一个人，几乎打遍了半个亚洲。

在最后讨论“废王立武”议题的四人小组中间，李勣是唯一的纯粹的武将。虽然当时李勣只是担任一个司空的虚职，但李勣对于军队的影响力，是其他三个人完全无法相比，也远远想象不到的。

皇帝的想法很明确，王皇后生不出儿子，武媚娘生儿子了，所以要废王立武。

皇帝要求下属们表态，四个人各有打算。

长孙无忌已经表态表了无数次了，反正就是不行。之前许敬宗旁敲侧击解劝不行，武媚娘的妈妈杨氏去说也不行，李治以帝王之尊来说情还是不行。到了最后表决，长孙无忌基本上就不吱声了，因为懒得废话。

李勣不想搅到这盆子浑水里面去，请了个病假，没去开会。

于志宁想做个骑墙派，观察一下形势再做决定，因此不想吭气。

只有褚遂良，是个火暴脾气。

褚遂良的论点很鲜明：

1. 王皇后出身太原王氏，世家大族，不能轻易废；

2. 先帝临死前，把李治你和皇后同时托付给长孙无忌和我，我们要负责；

3. 如果一定要废王立武，那么废王可以，立武坚决不行，要立也要立一个高门大姓的女子。

4. 当年武媚娘是侍奉先帝的女人之一，你李治把她收了也就收了，但怎么可能做皇后？

这最后一条说得太过露骨，把唐高宗李治搞得脸红脖子粗。

褚遂良又趁热打铁，把上朝用的笏板砸到地上，同时磕头磕得脑袋流出了血，说：“（如果皇帝你坚持废王立武）笏板我不要了，告老还乡。”❶

矛盾迅速激化了。李治火冒三丈，武媚娘也从里屋掀开门帘子走出来，要求治褚遂良欺君之罪。

小范围讨论也讨论不成，只能散会。

不过最终，“废王立武”的问题，皇帝还是找到了完美答案。

李治在另外一个场合单独召见李勣，再次征求李勣的意见，李勣这一次藏也藏不住了，装病也来不及了，只能不那么情愿地表达了自己的观点：“此陛下家事，何必更问外人”。军界辈分最高，功劳最大的李勣终于表态了。唐高宗李治的眼前，豁然开朗。而到了上朝的时候，许敬宗更是带头出来添油加醋：“种田的老汉多打收了几斛麦子，想换个老婆也没有这么难吧？更何况是我们的皇帝！”❷

❶“还陛下此笏，丐归田里。”《新唐书·列传第三十》

❷“田舍翁多收十斛麦，尚欲易妇；况天子欲立一后，何豫诸人事而妄生异议乎！”《资治通鉴·唐纪十五》

大局已定。

决战的结果，政坛新势力大获全胜。

好一个“废王”可以，“立武”就不可以。好一个要立也是立“贵妇”，反正“立武”就是不行。长孙无忌和褚遂良们的傲慢，还有于志宁这种见风使舵的“骑墙派”的狡诈，让武媚娘把所有的恨都压在了心底。

公元655年，王皇后被废，武媚娘被立为新皇后。同年，王皇后和萧淑妃被囚禁，不久就悲惨地死去。也在同一年，褚遂良被赶出长安，外放到潭州（湖南长沙）任都督，之后又屡次被诬告，最终被贬到了爱州（越南清化），死在任上。

公元659年，由于许敬宗的诬告，长孙无忌被削职为民，贬到了黔州（重庆黔江）。在黔州，长孙无忌又被逼自杀。同一年，于志宁受到长孙无忌事件的牵连，被外放到荣州（四川荣县）。

其实，废王立武是一次标志性事件，政坛新势力的胜利，标志着政权空前地集中到了皇帝本人手中。而之前还有点遮遮掩掩，只能依靠丈夫李治的庇护勉强掺和几句朝政的武媚娘，如今借力打力，实现了在朝堂上的初露峥嵘。

公元660年，唐高宗李治头痛病发作，完全不能处理朝政，很多国家的大政方针，都由武媚娘代为完成。唐高宗不知道的是，这个头痛病将伴随他的一生，而武媚娘也将成为他又爱又畏，但又离不开的“贤内助”。

公元664年，唐高宗李治和皇后武媚娘，合称“二圣”。武媚娘终于实现了自己临朝听政的梦想。

然而，这样的兴奋，并没有持续太久。公元667年，李治的头痛病愈加严重，于是命太子李弘监国。一个让武媚娘不得不面对的现实终于还是到来了——她的亲生儿子，将成为朝堂之上她的最大政敌。而按照武媚娘之前的想法，对待所有政敌，必须像寒冬一样地冷酷无情。这一次，面对的是亲生儿子，如之奈何呢？

武媚娘面临新的课题。

事实上，武媚娘同她的四个儿子，个个有故事。

长子，李弘。

武媚娘同长子矛盾的第一次集中体现是在公元671年。这一年的李弘，极其偶然地发现了在宫中幽禁的当年萧淑妃的两个女儿，同时也是自己的同父异母的两个姐姐——义阳公主和宣城公主。此时，已经被囚禁了十六年的两个女人，年届三十而无人问津，居然连婚配的自由都没有。李弘同情两位姐姐的悲惨处境，也内疚于自己母亲的狠毒。在李弘的斡旋之下，最终两位姐姐都风风光光地嫁出去了。看起来皆大欢喜，然而这件事情，在武媚娘和李弘心中，却埋下了深深的芥蒂。这个时候的武媚娘，日日为如何处理这样的母子关系而伤透脑筋。

公元675年，年轻的李弘意外猝死。李弘死后，他的太子之位由武则天的次子李贤接替。

次子，李贤。

武媚娘不用再为如何处理同李弘的关系而过多纠结，因为接下来她要考虑的是李贤了。李贤，和他的哥哥李弘一样，是一个有能力有抱负还有自己想法的年轻人；李贤，又同他的哥哥完全不一样，相比李弘的稳重敦厚，李贤的性情更加刚烈而张扬。也因此，李贤和自己的母亲武媚娘，始终处于关系紧张的状态。

个性张扬的李贤，曾经写了一首很有名的诗来讽刺自己的母亲——《黄台瓜辞》："种瓜黄台下，瓜熟子离离。一摘使瓜好，再摘令瓜稀。三摘犹尚可，四摘抱蔓归"。不得不说，李贤是一名合格的段子手，这首诗很快占据了当时大唐娱乐圈的头条，并且一直流传到了今天。在李贤的臆想中，长子次子三子四子，一个个都在等着武媚娘来消灭。这首诗的神逻辑，对武媚娘的打击是可想而知的。我们甚至猜想到武媚娘内心的悲凉——职场顺风顺水，予取予求，结果到头来成了孤家寡人。自己的亲生儿子都可以写诗来嘲弄自己，血浓于水也成了形同陌路。然而这份悲凉，却更加激起了武媚娘性格中强硬的那一面。

公元680年，已经年过半百的武媚娘，找借口废掉太子李贤，继任者为她的第三个儿子李显。又过了四年，李贤被逼自尽。

三子，李显。

同他的两个哥哥相比，李显是武媚娘稍显逊色一点的儿子。朝中总是有很多人在传，说李显是长得最像太宗李世民的一个。然而除了长得像，实在看不出二十四岁的李显，与同年龄段的秦王李世民有任何相似之处。况且，传这些传言的人，多半还是心怀鬼胎，为了讨好武则天而用李显来打击李贤。然而同两个哥哥相比，李显又是幸运的，因为他终于早早登上了梦寐以求的帝位。公元683年，与武媚娘相知相恋相爱相恨了一辈子的唐高宗李治去世。同年，太子李显即位，史称唐中宗。

李显的能力虽然遭人质疑，但他的政治野心却不小，关键是毫不掩饰。刚刚当上皇帝不久，李显就想安插亲信，以加强自己的实力。他先是迫不及待地将自己的岳父韦玄贞❶从普州参军❷的位置，提拔为豫州刺史（省长）。韦玄贞的省长位子没做几天，紧接着，李显又想将老岳父提升为侍中❸。这种火箭发射式的提拔，因为过于荒诞，而被武媚娘的亲信裴炎所抵制。然而李显却说了一句更加荒诞的话："我即使把天下都给韦玄贞也没什么不可以，还在乎一个侍中吗？"❹

政治智商之低，不足以撑起其政治野心之高。

这次的言论，李显彻底惹恼了武媚娘。因为武媚娘知道权力来之不易，自己从一个十三

❶韦玄贞：关陇大族的京兆韦氏。

❷普州参军：相当于四川安岳县武装部长。

❸侍中：相当于国家总理。

❹"我以天下与韦玄贞何不可！而惜侍中邪！"《资治通鉴·唐纪十九》

岁的柔弱小女子开始走到今天，做过才人，做过尼姑，做过昭仪，经历过数不清的刀光剑影，腥风血雨，难道就是让自己的儿子轻佻地把权力当成私相予授的礼物？很显然，李显这个拿政治当游戏的人，遇到了武媚娘这个拿政治当战场的人。

李显的一句失言，最终导致了惨烈的结局。

公元684年，韦玄贞被流放，当年死去。韦玄贞的四个儿子，韦洵、韦浩、韦洞、韦泚(cí)，全部被杀。武媚娘将唐中宗李显贬为庐陵王，流放湖北，同时立自己的第四个儿子李旦为帝，史称唐睿宗。

四子，李旦。

中国古代的皇室成员中，有两种聪明人。一种聪明人，可以在众多皇室成员中脱颖而出，荣登九五至尊；另外一种聪明人，则可以在残酷的政治斗争中左右逢源，得享善终。不要以为后一种聪明人很容易做，要知道纨绔子弟自小锦衣玉食，能屈能伸恰恰是最难得的。君不见，有多少皇室成员被杀被屠，被流放被废黜？一辈子不愁吃穿用度，能够善始善终，其实也算皇室成员一种不错的归宿。李旦就是后一种聪明人。

李旦的皇帝做得相当憋屈。身为当朝天子，李旦是不能参与上朝的。换句话讲，每天应该是皇帝主持的皇帝高层办公会，皇帝本人不能参加，而由太后武媚娘代为参加；不仅如此，公元686年，武媚娘假意还政于皇帝，李旦坚辞不受；又过了几年，在武媚娘改朝换代的时机成熟之后，李旦主动加入了趋炎附势的大臣中间，一起跪求母亲登基称帝；李旦还请求母亲，在她登基之后赐自己姓武，而放弃自己姓李的权利。做人到这个份上，你让武媚娘怎么舍得再去欺负这个可怜的孩子？

然而，我们认为，这其实正是李旦做人的高明之处。他不仅此时让位给武媚娘，多年之后还再次让位给自己的儿子们，李旦的政治哲学是始终如一的。李旦二次让位的时候，李旦的长子李成器、次子李成义坚辞不受，反而让位给更加有能力的三子李隆基（后来的唐玄宗）。多年以后的李隆基，追谥自己的大哥李成器为“让皇帝”。在李旦的家庭中，他和儿子们的父子关系稳定，儿子们之间的兄弟关系融洽，这在几千年的中国历史中，是非常罕见的。

后宫王皇后倒了，朝堂上的政敌也倒了；外戚倒了，自家儿子们也倒了。

武媚娘慢慢攀上了权力巅峰。

当然，在这个过程中，武媚娘也并非没有遇到过非常激烈的反抗。

比如徐敬业事件。

徐敬业其实就是李敬业，前文提到的李勣的孙子。因为李勣生前被皇帝封为“英国公”，于是李敬业也早早世袭了爷爷英国公的爵位。

李敬业的前半生过得顺风顺水，但是后来因为犯了一件案子，李敬业由眉州刺史被贬为柳州司马。要知道眉州刺史相当于今天的省部级官员，而所谓的柳州司马，其实根本就是个虚职。名义上是做司马，实际上相当于贬官流放，这是唐代官场的潜规则之一。比如白居易就曾经被贬为“江州司马”，因为这事，还曾经写了一首《琵琶行》；而白居易的好朋友元稹，则曾经被贬为“通州司马”。同期，柳宗元被贬为永州司马和刘禹锡被贬为郎州司马的事件中，更是牵扯出了“二王八司马”❶，也就是一下子被贬出来八个州的司马。

由省部级官员一把手，被搞成了有名无实，到荒蛮之地吃闲饭的所谓“司马”，出身显贵，自视甚高的李敬业感到不爽。

不爽到了极致，李敬业就联络了同时被贬的其他人。

其中就包括那个写《鹅》的骆宾王。

几个官场的失意人，聚集在扬州，商议起兵反对武媚娘。公元684年，李敬业打出了兴唐反武的口号，并且由骆宾王起草，发出了针对武媚娘的战斗檄文《代李敬业讨武曌檄》❷。

文章写得不错，但是事却干得虎头蛇尾。

李敬业为了证明自己的合法性，就找了一个和前太子李贤长得很像的人冒充李贤，以争取到更多人的支持。这是一次为发泄被贬怒气，为迎合世人流言，同时夹杂着一点个人私货的造反，当时很多人都看得很清楚。李敬业的叛乱到最后也仅仅限于扬州附近的几个城

❶二王八司马：指的是唐顺宗年间推行一系列善政的一批革新派官僚士大夫，主张打击宦官势力、革新政治，其中的“二王”指王叔文、王伾，“八司马”指韦执谊、韩泰、陈谏、柳宗元、刘禹锡、韩晔、凌准、程异，他们在改革失败后，俱被贬为州司马。

❷《代李敬业讨武曌檄》：又名《代李敬业传檄天下文》，是骆宾王的代表作。这篇檄文立论严正，先声夺人。将武则天置于被告席上，列数其罪。借此宣告天下，共同起兵，起到了很大的宣传鼓动作用。
据《新唐书》所载，武则天初观此文时，还嬉笑自若，当读到“一抔之土未干，六尺之孤何托”句时，惊问是谁写的，叹道：“有如此才，而使之沦落不偶，宰相之过也！”可见这篇檄文煽动力之强了。本文亦称《讨武曌檄》，但武则天自名“曌”是在光宅五年武后称帝以后的事，可知乃后人所改。

市，在李孝逸的平叛大军到来之后，李敬业就很快一败涂地。

这场貌似正义的起事，从开始到结束，仅仅用了两个月时间。

因为被定义为一场叛乱，李姓被剥夺，李敬业变成了徐敬业，并很快被叛军内部自己的部下所杀。写得一手好文章的才子骆宾王，则下落不明。

徐敬业之后，朝野上下对武媚娘的妇人干政，越来越趋于习惯性接受了。

公元690年，各方的时机都成熟的情况下，武媚娘改唐为周，自称皇帝。赐李旦武姓，责令其搬到东宫居住，但是却始终不给李旦以皇太子的名分。武媚娘不再是遮遮掩掩地垂帘听政，而是名正言顺地荣登大宝。武媚娘为自己改名武曌❶，意思是“日月当空”。

武曌，终于登上了女皇的宝座。

前不见古人，后不见来者。

从武媚娘到武皇后，从武皇后到武曌。从告别破碎的家庭，到成功打动唐高宗李治；从逃离清冷的感业寺，到战胜情敌政敌，乃至自己的儿子们。武媚娘终于完成了从无名小卒，到执掌乾坤的华丽转身。

这是一场堪称完美的武媚娘升职记。

当然，从另外一个层面，这也是冥冥之中，弘农杨氏对于陇西李氏的一次完美复仇。

❶曌：zhào，同“照”，是宗秦客在武则天称帝前一年多选的字，意指日月凌空，普照大地。据《资治通鉴》载：“永昌元年(689年)十一月，凤阁侍郎河东宗秦客，改‘天’‘地’等十二字以献，丁亥，行之。太后自名“曌”，改诏曰制。”

韦皇后的野望

狄仁杰像

武媚娘是一个非常长寿的皇帝，古人讲人生七十古来稀，但是武媚娘整整活了八十一岁。正因为如此，进入晚年之后的武则天，越来越感受到了精神上的孤独。除了权力和男宠带给自己的快乐之外，她的好友一个接一个地离开她，他信赖的大臣们也是一个接一个地先她而去，比如在武媚娘达到权力顶峰过程中立下汗马功劳的许敬宗，再比如在女皇立储问题上敢言直谏的狄仁杰。

狄仁杰是大唐和大周两朝著名的老臣子，他能够享誉朝野仰仗的是断案如神的本事，在任大理丞期间，他秉公执法，明察秋毫，一年之内判决了大量的积压案件，一时名声大振。

当年武媚娘在立储问题上犹豫不决，举棋不定，就是老臣子狄仁杰为女皇指点了迷津。

在武媚娘的概念里面，侄子武三思、武承嗣姓武，立侄子可以保证大周政权继续姓武；儿子李显、李旦姓李，但是相比侄子，毕竟儿子是自己的嫡亲亲人。究竟是立自己的侄子，还是立自己的儿子的问题，武媚娘想不出完美的方案。正在女皇犹豫的当口，狄仁杰说，陛下自己想一想，人世间是母子之间还是姑侄之间更加亲近？人总有一死，如果立儿子，陛下百

年之后可以作为李氏祖先配享太庙；如果立侄子，陛下听说过侄子供奉自己的姑姑在太庙的吗？❶

狄仁杰的话，一语惊醒梦中人。

公元698年，武媚娘派人，秘密召李显回洛阳。

被流放到湖北的李显，这十四年来过得非常痛苦。这种痛苦并不是来自物质上的窘迫，而是来自精神上的巨大压力。身在湖北，但他还保留着庐陵王的尊号，还拥有着属于亲王的俸禄，因此生活条件上并没有下降多少。但是，在母亲称帝之后，很多李氏皇室子孙被诛杀。李显怕总有一天，这种厄运也会降临到自己头上，自己的二哥李贤，就是自己的前车之鉴。当然，也有很多宗室子弟以及地方大员，打着恢复李唐，迎回庐陵王的口号起兵造反，但是这种叛乱非但解决不了实质问题，却只能给李显带来更多的尴尬。在这种精神压力之下，李显经常整夜无法入睡。有一次恰逢母亲派朝廷的使者来湖北，惊弓之鸟一样的李显居然想自我了断，一了百了。

不过，好在李显有一个愿意与他同甘共苦的妻子——韦氏。韦氏的父兄们，早在李显被废的同一年，就已经被诛杀殆尽，所以，韦氏虽然怀着对武媚娘的满腔仇恨，但时间的流逝以及生活的大起大落却让她看淡了这一切。韦氏劝解李显说："祸福相依，这是生命的无常。人

❶陛下掩神器而取之，十有余年，又欲以三思为后。且姑侄与母子孰亲？陛下立庐陵王，则千秋万岁后常享宗庙；三思立，庙不祔姑。《新唐书·狄仁杰传》

固有一死，何必现在就去寻死？”❶就这样，在韦氏的陪伴下，李显度过了无数个漫漫长夜，在没有尽头的等待之中步入人生的中年。在这十四年的等待之中，韦氏和李显，互为对方的精神支柱。在心情不错的时候，李显也曾经对韦氏发下誓言：“如果有一天得见天日，一定让韦氏你从心所欲，没有限制！”❷。

也许，老天也被他们的感情所触动，他们终于等到了这一天。

回到洛阳之后的李显一家，吸取了上一次被废的教训，开始不断地同武氏拉关系和联姻。李显的其中一个女儿永泰公主嫁给了武媚娘的侄孙武延基，成了魏王武承嗣的儿媳；李显的幼女安乐公主则嫁给了武则天的另一位侄孙武崇训（武崇训死后，再嫁武延基的弟弟武延秀），成了梁王武三思的儿媳。不仅如此，年轻时风流美貌的韦氏，还一度和李显、武三思以及上官婉儿❸同时保持着四角情人的关系。对此，李显居然也见怪不怪。或许，李显在兑现自己的诺言，让韦氏从心所欲吧？对此，我们只能说，过犹不及。

当时已经年过七旬的女皇武媚娘，在解决好了接班人的问题之后，在政治上基本再没有让她殚精竭虑的事情了。所以，女皇开始肆意地宠爱自己的两个小男人——张易之和张昌宗兄弟。将有限的精力，投入无限的与情人享乐中去了。与此同时，张易之和张昌宗兄弟一些出格的行为，也在朝堂之上引起了很多人的反

❶祸福无常，宁失一死，何遽(jù)如是！《资治通鉴·唐纪二十四》

❷异时幸复见天日，当惟卿所欲，不相禁制。《资治通鉴·唐纪二十四》

❸上官婉儿：武媚娘的近侍，当年的朝廷重臣上官仪的孙女。

感和非议。这其中，就包括了李显和韦氏唯一的儿子——李重润。此外，还有永泰公主和武延基夫妇。

张氏兄弟，是晚年武媚娘的心头肉。当人世间的爱情亲情，甚至于像狄仁杰这样的事业同路人都一个个离她而去的时候，武媚娘感到前所未有的孤单。她所唯一拥有的，只是张氏兄弟能够带给她的片刻甜蜜。几个小小晚辈，居然连她这仅有的一点快乐，都当成茶余饭后的谈资，这件事让武媚娘怒不可遏。公元 701 年，盛怒之下的武媚娘，下令将李重润、永泰公主、武延基这三个至亲骨肉杖杀。短短的十几年间，韦氏的父母兄弟还有亲生儿子，全部死于武媚娘之手。可想而知，韦氏的内心一定充满了巨大的痛苦。但是表面上，不管韦氏还是李显，都不敢再有太大的反应和动作。因为他们知道，如果这次得来不易的回归再次得而复失，他们夫妇将永无出头之日。他们等待的，只是武媚娘老得再也没有力气的那一天。

任何人，都无法逃脱生老病死的自然规律，这一天终于还是到来了。

公元 704 年底，时年八十岁的武媚娘重病缠身，她带着她的张氏兄弟移居迎仙宫，除了张氏兄弟，外人谁也见不到女皇的尊容。公元 705 年，凤阁侍郎❶张柬之为首的五大臣发动政变，诛杀张氏兄弟。同时逼迫重病之中的武则天让位，武媚娘无奈让位给李显。

❶凤阁侍郎：唐官名，是由中书侍郎改置。

李显复辟成功。

因为这次政变发生在神龙年间，所以史称“神龙政变”。复辟之后的李显，给武则天上尊号“则天大圣皇帝”。同年，武媚娘驾崩，死前下遗诏，恢复自己的尊号为“则天大圣皇后”。正因为如此，后来的二十四史典籍中，不管是《新唐书》还是《旧唐书》，都把武则天列入只有皇帝配享的“本纪”系列，但是所用的尊号，都是“则天皇后”。换句话讲，武则天被以后妃名义立传，却收录到帝王本纪系列。从此，才有了武则天的后世称呼。

第二年，武则天与自己的丈夫唐高宗李治合葬在乾陵。武则天，终归还是陇西李氏家族的媳妇。

站在更加宏观的视角，这位中国古代史上唯一的女皇，略显孤独。

武则天是一个女性先驱，是在男权社会中逆袭的勇敢探索者，正因为她的存在，让单调且乏味的男人之间的宫廷大戏出现一抹亮色。作为社会人，无论是澄清吏治还是大兴酷吏，武则天都无可否认地是一个理智大于感性的人，一个合格的政治家。所以，她是一个几千年不遇的奇女子。

古代男性帝王尚且是一将功成万骨枯，更不用说是在男权社会中艰难寻找生命方向的女人。所以，在追寻权力的过程中，武则天失去了很多人伦中的亲情爱情，和其他很多美好的东西，这是她付出的必要代价。

生前身后，武则天为自己赢得的尊荣无数。

后世史家，儒家弟子们为武则天树碑立传。

乾陵合葬，矗立的石碑无字，功过是非留待后人评说。

李显重新登上帝位，韦氏升级为韦皇后。韦皇后隐忍了二十年，终于再一次盼到了这一天的到来。同登上皇后宝座相比，当年韦皇后被灭门和失去儿子李重润的痛苦，在这一刻都显得微不足道。她失去的东西，她将加倍地讨还回来。

有了武则天的榜样在前，韦皇后觉得，或许她能够复制武氏的成功模式当上女皇。而到那个时候，她和李显的亲生女儿安乐公主，就是名副其实的“皇太女”。韦皇后的想法并不是异想天开，当时的很多人都在撺掇这件事情，有的人是想谋取政治红利，有的人是想投机押宝。

但是，这些人多半都心怀异志。

宗楚客❶就是其中之一。

宗楚客早年是高宗朝的进士及第，凭借科举考试进入官场。满腹经纶的宗楚客也算是个诗人，不仅唐诗三百首里面有收录他的作品，而且多年以后，他的其中一个孙女，还嫁给了更大的一个诗人李白。宗楚客本来在武则天一朝时来运转，开始慢慢在仕途上崭露头角。但是

❶宗楚客（？—710年）：唐代大臣，宰相，诗人。字叔敖，蒲州（今山西永济县西）人，祖籍南阳（今河南南阳市）。其兄为宗秦客。

却因为贪污受贿，被人揭发，和弟弟宗秦客一起被流放岭南。

换言之，宗楚客这个人在政治上本来就是有污点的。

带着政治污点的宗楚客，在李显与韦后掌权之后，极力向这个新的执政团队靠拢，搭上了韦后的情人武三思。很快，宗楚客就官至兵部尚书，后来一度还晋位宰相，成为帝国的实际掌权者。宗楚客以百倍的努力，来报答韦后集团的知遇之恩。宗楚客与武延秀等人，一直在暗中不遗余力地策划并推进韦后的登基大业，甚至用图谶来阐述韦氏当兴、大唐当灭的喻世明言。

有了宗楚客等人的协助，被压抑几十年的韦皇后，认真地规划着自己的宏图大业。此时的韦皇后，做梦都会笑醒。

韦皇后的想法很乐观，但是她忽略了一件事情。自从武则天上位以来，唐朝觊觎皇帝宝座的女人可不止一个，而韦皇后并不是第一个。

比如，太平公主。

太平公主的梦

李隆基像

太平公主是女皇武则天唯一的女儿，也是五个孩子里面最小的一个，无论性格长相上也都跟武则天如出一辙。因此，武则天生前非常喜欢这个女儿。平凡百姓人家，很多人都希望有一个女儿做自己的贴身小棉袄，这多半是当娘的私心，武则天也不例外。武则天纵容这个女儿大肆购置房产，也纵容她蓄养男宠，而被戴了绿帽子的驸马爷们（第一任老公薛绍，第二任老公武攸暨），对此也只能是睁一眼闭一眼。

太平公主很早就崭露出了来自武则天基因里面的从政天赋，内廷的国家大政方针，很多都是出自太平公主的手笔。不过，武则天生前，对于太平公主干政这件事情，还是比较在意的，因为除了立储的时候，在侄子和儿子谁应该继承大统的问题犯过犹豫之外，武则天还从来没有想过要下决心培养一个皇太女，来继承自己的事业。在这一点上，武则天还是很坚决的。

太平公主为母亲做的另外一件事情，就是帮助母亲遴选男宠。她甚至推荐了自己喜爱的张昌宗给武则天，而张昌宗也不负重托，和自己的兄弟张易之一起，很好地丰富了武则天的晚年生活。然而，即便如此，政治嗅觉灵敏的太平公主，还是在“神龙政变”期间参与了政变策划小组的讨论，支持诛杀张氏兄弟，匡扶李显登上帝位。

从一系列的举动我们可以看出，太平公主在政治上实际还是很有野心的，在她的内心深处，也若隐若现地隐藏着一个女皇之梦。只是这个梦境长期被母亲所压制，她只能将这个梦境悄悄地埋在自己的内心深处。她需要母亲那样的手段，当然，也需要母亲那样的运气，她深深地知道这一点。当自己的三哥李显登上帝位之后，太平公主隐隐觉得，属于自己的时代已经到来了。

李显的性格里面有很多荒唐的成分，第一次做皇帝的时候，迫不及待升迁自己岳父韦玄贞的行为，就是这种荒唐性格的集中体现。二十年过去了，李显在智商和情商上的进步是不够明显的。

登上帝位之后，李显又故态复萌，迫不及待升迁了韦皇后的族兄韦温（韦皇后的亲兄弟已经被灭门）；此外，对于老婆韦皇后和女儿安乐公主卖官鬻爵，淫乱宫廷，广建府邸的种种劣迹，也是持包庇和纵容的态度。李显倒是对于自己的亲生儿子——皇太子李重俊的态度不冷不热，甚至还默许立志做“皇太女”的安乐公主去羞辱李重俊。安乐公主羞辱李重俊的立场也有问题，就因为人家李重俊不是韦皇后亲生的，于是安乐公主就在老公武崇训的唆使之下，一口一个奴才地使唤这个堂堂的帝国皇太子。[1]很显然，在安乐公主以及大多数当局者的眼中，李重俊这个所谓太子的分量，跟安乐公主根本没法比。

不仅如此，在自己儿孙满堂的情况下，李显居然还别出心裁地提议四弟李旦做他的“皇太弟”，作为自己皇位的第一顺位继承人。精明的李旦感到这事太过创意无限，态度很坚决地拒绝了三哥的荒唐建议。

冷眼旁观的太平公主看到这一切，只恨自己是个女儿身，否则怎么皇位会轮得到这个荒唐的哥哥？

李显如此没有政治头脑的举动，纷争和动乱只是迟早的事情。

公元707年，长期被侮辱与被损害的太子李重俊突然发难，杀死了安乐公主的老公武崇训以及安乐公主的公公武三思（也是韦皇后的情人），之后杀奔玄武门，攻打未果。制造了一个缩水版本的“玄武门之变”。最终的结局，李重俊兵败被杀。

这次政变的余波未平，安乐公主开始绝地反击，并借机将政治打击扩大化，诬陷李旦和太平公主是李重俊政变的背后支持者。虽然李显并没有在意安乐公主的谎言，但是这次政变让太平公主对李显一家的认识更加清醒。在更大的动乱出现之前，她要做好万全的准备，准备应对皇室可能发生的一切。

很快，因为有同样的家族地位，又站在相

[1]“公主凌忽重俊，以其非韦氏所生，常呼之为奴”《旧唐书·列传·卷三十六》

似的政治立场，太平公主最终联合了四哥李旦家的三公子，她的亲侄子——李隆基。

李隆基是李旦的第三个儿子，出生于垂拱元年，也就是公元685年。在他出生的前一年，李显被废，韦皇后全家被灭门；也是在这一年，徐敬业在扬州起兵，同年没有熬到春节就被武则天一举荡平。就当时的政坛来讲，正是武则天权力的巅峰期，武则天本人无论身体和精力都还非常不错。李隆基从小就耳濡目染祖母武则天的所作所为，当然也包括了父亲李旦的两次登基，两次下野。

身处政治的漩涡之中，幼年李隆基成熟得非常早。尤其是在他八岁，被封为临淄王的这一年。仅仅是因为宫女的胡乱揭发，李隆基的亲生母亲窦德妃，就被定罪私下诅咒了武则天。窦德妃被带进了宫里，大年初二被皇家特务秘密处决，尸骨无存，李隆基不仅没有了亲妈，还和其他兄弟们一起被祖母武则天幽禁在宫中不准出门，这样的情况一直持续了七年。

这些年来，李隆基看到了太多的离别，看到了太多的鲜血。他痛恨权力，但是他又深刻地认识到，没有权力，即便是贵为皇亲国戚，也不过是身若浮萍。

23岁这一年，年轻的李隆基终于龙归大海，离开京城去做了潞州别驾❶。两年之后，在地方上历练期满的李隆基返回京城长安，同时他开始在长安广交朋友，积攒人脉，认识了大

❶潞州别驾：治所山西长治，相当于副省级。

量来自御林军的青年才俊。

这段时间的李隆基，心中有万丈豪情。

与临淄王李隆基结盟，太平公主对政治局势的判断可谓精准到毫发。以当时的形势来看，无论是政治还是血缘，以及就李隆基本人的综合素质而言，太平公主同相王李旦势力的结盟，是她最好的选择。

公元710年，唐中宗李显没有任何征兆地猝死。值得一提的是，无论是当时大唐的娱乐新闻，还是后世正史上的记载，李显都是被韦皇后和安乐公主所毒杀，但这件事情实际上是违背常理的。因为无论从哪个角度看，毒杀李显的话，她们母女二人一定不是最得利的一方。李显暴死只能使得局势空前混乱，韦后母女的既得利益受到冲击，这样做对于母女二人没有任何好处。如果真是韦后母女下手毒死李显，那么只有一个可能，就是这母女二人太过愚蠢。

在皇室各派势力的角逐下，最终由太平公主和上官婉儿草拟了一份遗诏，立李显的第四个儿子温王李重茂❶为皇帝，相王李旦辅政，韦皇后作为皇太后摄政。应该说，这是一份经过充分讨论和充分妥协的遗诏。心怀鬼胎的各个政治派别，在明面的骂街和私下的苟且之后，用遗诏的方式，基本上平衡了各派力量，让利益的所有当事方都无话可说。

然而，妥协虽然暂时达成了，但野心勃勃

❶李重茂(695年—714年)：即唐殇帝，又称“唐少帝”，唐中宗李显第四子，生母不详。圣历三年(700年)，封北海王，后进封温王。景龙四年(710年)唐中宗死后，李重茂被韦后立为皇帝，而形同傀儡，实权均属韦后。同年，临淄王李隆基发动政变，诛杀韦后，李重茂被废。景云二年(711年)改封襄王。开元二年(714年)转为房州刺史。同年七月去世，时年二十岁。谥号殇皇帝。

的韦皇后一派却并不满意这份遗诏。唯一的亲生儿子李重润早就没了，而野生的儿子李重茂她并不放心，偏偏跟自己穿一条裤子的安乐公主又是个女儿身。李显在世的时候，韦皇后曾经多次力挺安乐公主成为皇太女，明里暗里被太平公主势力和李旦势力所压制。对于李重茂登基而自己做了皇太后这件事，只能说是没有办法的办法。

李重茂登基，大唐的政坛仅仅获得了片刻的平静。很快，韦皇后就再也无法忍受这种无名无实、看不到任何职业前景的皇太后生涯，她准备行武则天旧制，由韦皇后本人单独摄政。甚至，宗楚客为首的韦氏集团的骨干们，早就利用各种官方媒体和自媒体，四处散播新的女皇就是韦氏的预言。而且在当时，韦氏集团已经开始密谋，杀掉小皇帝李重茂，直接拥立韦氏称帝。他们所顾忌的，无非是相王李旦以及太平公主。

所以，韦氏集团与太平公主等人之间的暗流涌动，并没有因为李重茂的登基就得到片刻宁静。韦皇后更加没有想到的是，太平公主自李重俊政变以来，一直警惕着并在默默准备着。而现在，就是她等待的那个时刻。

公元710年七月，太平公主和李隆基的势力合兵一处，以韦皇后和安乐公主合谋毒杀李显为借口，策划并实施了政变。政变中，韦氏一族被诛杀，韦氏集团成员被一网打尽，安乐公主被斩首，新皇帝李重茂被废黜，这场政变在历史上被称为“唐隆政变”。政变之后，太平公主和李隆基拥立相王李旦继皇帝位。不久，在李旦嫡长子李成器再三请辞，次子李成义也一再让贤的情况下，拥立有功的三子李隆基被立为皇太子。

其实抛开人间自有真情在的儒家教诲之外，此时此刻，李隆基刀头沾的血都还是热的，即便是两位大哥有心接这个位子，又能如何？

韦皇后一党被清除了，然而纷争却依然在继续。因为在太平公主的眼里，她心中埋藏多年的女王梦，越来越触手可及了。

老一辈的政治对手相继在几次大的政治火拼中被杀，被灭族，被流放。朝堂上，实际上已经没有几个可以和太平公主相抗衡的政治势力了。这一年的李隆基，只有二十五岁。在身为姑姑的太平公主看来，李隆基这个岁数的小鲜肉还远不足为惧；而相王李旦，是个明哲保身的聪明人不假，但是他没有政治野心和政治手段。李旦表现出来的那种表面上的懦弱，也让太平公主感到胜券在握。虽然已经贵为皇帝，但朝堂上大臣们的奏章，李旦经常会询问，这事跟太平公主商量过吗？如果答复是肯定的，那么就要接着问，跟三郎（李隆基）商量过吗？❶

唐睿宗李旦，和得一手好稀泥。

不过，太平公主还是在担心李隆基，因为她知道，她的祖父李世民，太原起兵的时候也

❶每宰相奏事，上辄问：“尝与太平议否？”又问：“与三郎议否？”然后可之。《资治通鉴·唐纪二十五》

不过才二十岁，而在虎牢关大破窦建德的时候也不过二十三岁。李隆基能够在唐隆政变中手刃政敌的果决，多少还是有祖父的影子在。太平公主的担心，逐渐演变为政治上的主动出击。她四处散布李隆基不是嫡长子，得位不正的说法，她的真实想法是，废掉皇太子，另立一个相对懦弱的皇子为太子。然而，太平公主恰恰忽略的一点，是前文我们提到的，李旦家庭的和睦。在李旦本人的影响下，他的家庭上上下下都充满了谦让、和谐的气氛。这一点，让太平公主几乎无隙可乘。

在种种废太子的努力失败之后，公元712年，太平公主绞尽脑汁又想到了一个新梗。她利用当时出现彗星的天文现象，对李旦进行洗脑，说天有异象，说明皇太子应该登基。这个想法的初衷，是离间李旦父子。毕竟，没有哪个皇帝愿意主动放弃手中的权力，提前让位做太上皇。比如，前朝的李渊就是不情不愿，被玄武门的鲜血胁迫着做了太上皇的。太平公主的这种言论本身，对于一般的帝王来讲，无异于一种强大的心理暗示。心理暗示之下，一定会对当朝太子产生敌意，至少也是有所警惕。

然而，在看惯了政治斗争，起起伏伏几十年的政坛不倒翁李旦身上，这是完全徒劳的。李旦做了一个让太平公主瞠目结舌的决定，他索性上乘天意，下顺民心，传位给李隆基。李旦的心思很明显，传位给太子那是迟早的事情，早传晚传都是传，传得晚了反而提心吊胆。既然太平公主给了这么好的一个借口和台阶，何乐而不为？而李旦自己，则乐得清闲，去做太上皇了。

四年之后，李旦病逝，平静地离开了这个世界。

李旦的一生其实很好总结，李旦本人是皇帝，而且是两次登基又两次退位，后来还平平安安、开开心心做了太上皇。

除此之外，李旦周围，他的父亲是皇帝——唐高宗；母亲是皇帝——武则天；哥哥是皇帝——唐中宗；本人是皇帝——唐睿宗；儿子是皇帝，唐玄宗；李旦的长子李成器配享太庙，被唐玄宗追谥为“让皇帝”。

再除此之外，李旦的小侄子是皇帝——李重茂；李旦的大侄子想做皇帝——李重俊；李旦的侄女也想做皇帝——安乐公主；李旦的大嫂想做皇帝——韦皇后；李旦的妹妹也想做皇帝——太平公主……围绕李旦，编织了一张密密麻麻的皇帝之网，而李旦却能游刃有余，全身而退，得享善终。

这也是个不大不小的奇迹。

李旦退位之后，公元712年八月，李隆基登上帝位，史称唐玄宗。

太平公主的梦，已经接近破碎的边缘。她感到绝望，感到生无可恋。已经马上步入知天命之年的政坛女强人心中，一种痛彻心扉的挫败感油然而生。

为了那个心中的梦，太平公主已经顾不得许多了。她公开结党营私，私下培养细作，策划给唐玄宗的药里下毒，甚至密谋军事政变。很显然，面对姑姑的困兽之斗，李隆基已经无法再坐以待毙了。

公元713年，李隆基抢先下手，捕获太平公主的大批同党，而太平公主本人则被李隆基下诏赐死。

太平公主魂归天国，一起离去的，还有那个期盼了一生的女皇之梦。

太平公主的去世，也标志着唐中宗时代的习惯性政变，最终被画上了一个句号。属于大唐的又一个盛世，即将到来。

婆媳的使命召唤

比太平公主稍微幸运一点的是她的老公武攸暨（武则天的堂侄）。武攸暨在太平公主谋逆事发的前一年，就因病去世而得以善终。即便如此，太平公主自杀之后，李隆基还是下令将武攸暨的墓毁掉，以解心头之恨。

武攸暨有个弟弟，叫武攸止，同自己的叔祖父武士護一样，他也娶了弘农杨氏的女儿为妻。夫人杨氏为武攸止生了一个女孩，这个女孩我们称她为“武氏女”。武攸止早亡，因此，武氏女自小被寄养在宫中，成为一名出身高贵的宫女。

武氏女作为武则天伯父武士让的曾孙女，继承了武氏一门女孩子基因中特有的天生丽质，当然，也继承了工于心计这项特长。很快，武氏女便借助长期生活在皇宫中的便利条件，博得了唐玄宗李隆基的注意，被封为婕妤。巧合的是，武婕妤的对手，同当年的武则天一样，也是一个王皇后。而且玄宗朝的王皇后和高宗朝的王皇后有些如出一辙——她们都没有生育。武婕妤抓住对手的这一点小瑕疵，不断进行放大处理。而武婕妤本人则一鼓作气，一口气生下了四个儿子、三个女儿，共七个孩子。后来的事情也在意料之中，陪伴李隆基度过了登基之前那段最艰苦岁月的王皇后被废掉。

皇后之位空缺了。武婕妤取得了阶段性的胜利，距离皇后之位只差一步之遥。

尽管武婕妤有一种强烈的自我暗示，而且会有意无意地，拿自己和姑祖母武则天进行比较。然而，时移世易，玄宗朝和高宗朝，在时间上已经跨越了接近百年，很多东西都无法同日而语了。这个时期的武氏家族，在朝野上下，可谓声名狼藉。比如武婕妤的大伯武攸暨，因为是太平公主的老公而因谋逆被牵连；又比如她的另外一个伯父武延秀，则因为是安乐公主的老公而因谋逆被牵连。再往远处说，还有武延基信谣传谣被女皇处死，武崇训行为不端被李重俊杀死；上一辈的武三思和韦皇后通奸；武承嗣则妄想做皇太子……就更不用说，曾经夺了李唐天下的姑祖母武则天了。

正因为如此，大臣们群起抵制武婕妤做皇后，因为他们怕了武氏一门生命不息折腾不止的战斗基因，也怕如同幽灵一样飘荡在皇宫中的冤冤相报。唐玄宗无可奈何，只能开动脑筋博取美人的欢心。最后，皇帝创造性地在四妃子（贵妃、淑妃、德妃、贤妃）之上，在后宫增加了“惠妃”这样一个岗位，地位仅次于皇后但却仍然能够号令后宫。

在唐玄宗看来，这个折中的方案，可以让武惠妃得偿所愿了。然而，他不知道，作为武家的女人，武惠妃的胃口又岂止于号令后宫？

公元737年，在武惠妃的一手策划之下，在玄宗朝著名奸相李林甫的顺水推舟之下，当时的太子李瑛、鄂王李瑶、光王李琚被唐玄宗废为庶人。不久，作为庶人的三兄弟又被赐死。武惠妃距离自己的宏伟目标，又近了一步。

然而，人算不如天算，害死了三位皇子的武惠妃却没有武则天那样的铁石心肠。在内疚和恐惧之下，武惠妃经常在夜里出现各种各样的幻觉，经常能够看到三兄弟的鬼魂来向她索命。也就在同一年，惊吓过度的武惠妃一病不起，撒手人寰。去世时，武惠妃年仅38岁。

我们用两句话来总结一下武惠妃吧，一是生不逢时，二是命不够硬。所以，武惠妃山寨武则天，只能完成最基础的一部分，而远远无法学到姑祖母的精髓。

然而，历史又一次呈现了八卦且吊诡的一幕。

壮志未酬的武惠妃，第三个儿子名叫李瑁，被唐玄宗封为寿王。寿王李瑁有个妃子，名叫杨玉环。

杨玉环出生在四川，然而杨玉环的父亲杨玄琰，却出自弘农杨氏。杨玉环的高祖父杨汪，曾经贵为大隋皇族，官至吏部尚书，后来在隋末，大唐一统天下的过程中被李世民杀掉。换句话讲，杨玉环不仅出身于弘农杨氏，而且往远处扯还和李唐皇族能扯上世仇关系。

同自己的婆婆相比，杨玉环并没有太多的

政治参与热情，她喜欢诗词，喜欢歌舞，希望跟自己所爱的男人长相厮守。她只想做一个普普通通的女人，获得一份长长久久的感情，开开心心过一辈子。像杨玉环这种热爱生活，顾影自怜的小女人的生活态度，即便是嫁给一介升斗小民，这辈子也一样能过得快乐而有情调。而在杨玉环嫁给寿王李瑁的最初五年里，她也确实一度进入了这样的状态。除了没有给李瑁生一个孩子之外，杨玉环对自己的现实情况已经感到足够满意。

杨玉环生命的转折，恰恰发生在自己的婆婆武惠妃去世之后。当时的唐玄宗精神极度沮丧，这一点让他周围的近臣大为担心。于是，有人帮唐玄宗物色并推荐了杨玉环，作为武惠妃的替代者。而这样的乱点鸳鸯谱，在大唐前期的宫廷内，其实不算太过分的事情。毕竟，前朝的唐高宗李治，就娶了太宗的才人武媚娘嘛。这件事情真正的问题在于，当时的寿王李瑁并没有像唐太宗一样去世。这样的话，就会让李瑁妥妥地戴一顶绿帽子苟活一世，而且隔壁老王还是自己的亲生父亲。

这样的安排，对于一个男人来说太过残忍。更有问题的地方在于，杨玉环不是一件皇室用品，不是谁用着好用，别人就可以借来用用的。这是一个知书达理，能歌善舞，而又自尊自爱的女人。她对人生没有奢望，就只想做一个幸福小女人。然而，在肮脏的政治面前，杨玉环的个人意志是脆弱的。她别无选择，只能随波逐流。

跟武媚娘的入宫之路是相似的，为了掩人耳目，杨玉环先入道观做了一段时间的道姑，道号“太真”。之后不久，就被唐玄宗接进了宫里。唐玄宗当然没有忘了安抚一下受伤至深的寿王李瑁，帮李瑁物色了新的王妃——韦氏（京兆韦氏❶）。韦氏后来帮李瑁生了五个儿子，据此我们可以揣测，韦氏同李瑁的感情应该还是不错的。换句话说，失去了杨玉环的李瑁，很快接受了现实的无奈，而找到了自己新的归宿。

进宫之后的杨玉环，被封为贵妃，完全替代了自己婆婆武惠妃当年在后宫的位置。唐玄宗终其一生，没有设置皇后。前有武惠妃，后有杨贵妃，来统领后宫。这样的尊荣，实际同皇后无异。而杨贵妃本人，却并没有因为地位的上升而改变自己的心性，她的奋斗目标依然是做一名幸福小女人。她和唐玄宗之间的关系，在中国几千年历史上都让人啧啧称奇——二人俨然一对真正的民间夫妻，而不是传统后宫那种带着三分政治、三分阴谋、三分利用的帝王与嫔妃关系。

耍小性的时候，杨贵妃可以一走了之，回自己的娘家暂住，直到小女人的脾气耍够了，唐玄宗派人来请为止；浓情蜜意的时候，杨贵妃也可以让自己的男人为你写诗，为你静止，为你做不可能的事。比如从岭南，皇帝安排人一

❶京兆韦氏：是唐代最重要的士族家族之一。在唐朝共有20位宰相，其影响由京兆遍及全国，民间有俗语“城南韦杜，去天尺五”。

路快马给杨贵妃供应新鲜的荔枝❶。杨贵妃的母亲和三个姐姐，被唐玄宗特许可以自由出入皇宫，就像平常人家的亲戚一样，时常跑来同杨贵妃聊聊各种八卦，扯一扯东家长西家短。

杨贵妃这样的女孩子，可以让唐玄宗忘记政治的险恶、后宫的纷扰，享受一辈子的初恋和热恋，而不感到生活的乏味。更何况，杨贵妃一生未育，她本人也确确实实做了一辈子唐玄宗的小女孩。

然而，身处大唐政治中心的杨贵妃，想要纯粹地做一个幸福小女人，显然是太奢侈了。在强大的政治背景下，很多事情，是她根本想象不到，也完全不能掌控的。比如自己的母亲和姐姐们，靠杨贵妃的恩宠而获得荣华富贵，她们的吃穿用度之铺张，让整个京城为之侧目；又比如自己的堂兄杨钊，仅仅靠杨贵妃的关系以及一手赌钱的绝技，在玄宗的提携之下平步青云，居然最高做到了宰相之职，同时还贪得无厌地兼任其他四十多个省部级职务。每次开会之前介绍杨钊职务，念完杨钊的所有官衔，都像是表演了一次相声贯口一样。杨钊为官，腐化奢侈，不学无术，民间朝野怨声载道。唐玄宗对此置若罔闻，反而给杨钊御赐名字“国忠”，以体现皇帝对杨钊的信任。

这一切，在杨贵妃看来，并没有什么稀奇之处。她对政治没有丁点兴趣，哪怕皇宫之外已经山雨欲来，然而身处暴风眼中心的杨贵

❶长安回望绣成堆，山顶千门次第开。一骑红尘妃子笑，无人知是荔枝来。唐·杜牧《过华清宫绝句》

妃，却依然在同唐玄宗做着双宿双飞的恩爱夫妻。杨贵妃或许忘记了，若干年前的寿王王府，她和李瑁不是也曾经这样过了五年的恩爱生活？当时的平静生活被生生打破，她随波逐流到皇宫，不还历历在目？

很快，就昨日重现了。

公元755年，身兼范阳、平卢、河东、三镇节度使的胡人安禄山，利用大唐在政治上的混乱，军事上的空虚，趁机起兵造反，史称“安史之乱”❶。短短半年，叛军就先下洛阳，之后沿着“崤函通道”，势如破竹占领了都城长安。唐玄宗李隆基，带着大批后宫家眷、士兵卫队仓皇出逃，最后一路逃到了成都。

当这支逃亡队伍走到陕西马嵬驿的时候，士兵哗变，要求处死杨国忠，以平民愤。处死杨国忠在唐玄宗看来，是不得不做的一件事，但是他没有料到的是，愤怒的士兵情绪激动，要求同时处死杨贵妃。

就这样，万般无奈之下的唐玄宗，用三尺白绫，赐死了自己最心爱的女人。杨贵妃死时，年仅三十七岁。也许她至死都不会想通，她这辈子只想做一个幸福小女人的愿望，也许就是在皇室冷酷无情的政治生活中最大的悖论。

杨贵妃的婆婆武惠妃，热衷政治而又逃不过命运，最后壮志未酬；杨贵妃本人，作为政治素人，最后却也在政治波澜中随波逐流，香消玉殒。

❶安史之乱：唐代玄宗末年至代宗初年（755年12月16日—763年2月17日）由唐朝将领安禄山与史思明背叛唐朝后发动的战争，是同唐朝争夺统治权的内战。这场内战使得唐朝人口大量丧失，国力锐减，也促使唐代开始出现藩镇割据的局面。由于发起反唐的指挥官以安禄山与史思明二人为主，因此事件被冠以安史之名。又由于其爆发于唐玄宗天宝年间，也称“天宝之乱”。安史之乱是中华文明前所未有的一次巨大浩劫，这场历时八年，席卷半壁江山的战火不仅成为唐朝的转折点，更是整个中华文明由开放转向保守的转折点。

玄宗一朝的两位女人，前赴后继，用自己的短暂生命，做了宫廷政治的祭品，同时也见证了李唐王朝的由盛及衰。

公元756年，马嵬驿之变后不久，玄宗的太子李亨在灵武宣布即皇帝位，遥尊李隆基为太上皇，李亨就是唐肃宗。

公元762年，战乱之后回到长安的李隆基，在无尽的思念与悔恨之中走到了人生尽头。至死，李隆基都没有看到安史之乱的结束，当然，也没有看到杨贵妃的坟茔如他所愿迁回京城。

尽管杨贵妃的结局是凄凉的，然而，从某种意义上讲，她幸福小女人的理想还是实现了，她的故事得到了千古传诵。从那以后，京城长安乃至整个天下，都流传着属于杨贵妃的爱情故事。以这个故事为蓝本，各种诗词歌赋、戏曲小说层出不穷。

在文学的殿堂里面，杨贵妃和她的小小幸福，得到了永生。

（第一部完）